T0244496

PARA ESTAR BIEN

EL CEREBRO DEL TRIUNFADOR

JEFF BROWN · MARK FENSKE

CON LIZ NEPORENT

EL CEREBRO DEL
TRIUNFADOR

8 ESTRATEGIAS DE LAS GRANDES MENTES
PARA ALCANZAR EL ÉXITO

OCEANO

EL CEREBRO DEL TRIUNFADOR
8 estrategias de las grandes mentes para alcanzar el éxito

Título original: THE WINNER'S BRAIN:
    8 STRATEGIES GREAT MINDS USE TO ACHIEVE SUCCESS

© 2010, Harvard University

Publicado originalmente por Da Capo Press, miembro de Perseus Books Group

Traducción: Enrique Mercado

Diseño de portada: Departamento de Arte de Océano
Imagen de portada: Shutterstock / Jolygon
Fotografías de Jeff Brown y Mark Fenske: Eric Laurits

D. R. © 2022, Editorial Océano de México, S.A. de C.V.
Guillermo Barroso 17-5, Col. Industrial Las Armas,
Tlalnepantla de Baz, 54080, Estado de México
info@oceano.com.mx

Tercera edición: 2022

ISBN: 978-607-557-532-2

Impresión y encuadernación: Impresora Tauro, S.A. de C.V.,

Impreso en México / Printed in Mexico

Índice

Primera parte:
Cómo es el cerebro de un triunfador

Segunda parte:
Cómo desarrollar tu cerebro de triunfador

PRIMERA PARTE

Cómo es el cerebro de un triunfador

Introducción

Las personas con éxito en la vida tienen una cosa en común: al parecer, hacen algo diferente y especial con sus neurocircuitos para maximizar su potencial y cumplir sus metas. Nosotros creemos que esto es lo que ocasiona que estas personas tengan un cerebro de triunfador.

El cerebro promedio es muy bueno para arreglárselas en el día a día. Después de todo, tiene más de cien mil millones de neuronas que, atendidas por una supercarretera de vasos sanguíneos, ayudan a su dueño a pensar, moverse y experimentar el mundo que lo rodea, y que actúan con una mezcla de velocidad y eficiencia con la que ni siquiera las computadoras más avanzadas pueden rivalizar. Sin embargo, es de suponer que si tú estás leyendo este libro es porque no te basta con "arreglártelas". Quieres destacar en la vida y lograr conseguir las metas que más te importan.

Quizá estés considerando realizar un cambio en tu profesión o iniciar un negocio, pero no has tenido los medios para dar ese salto. Tal vez te sientes estancado en tu trabajo y no sabes qué hacer para progresar. Quizá perdiste tu empleo y buscas una situación mejor. Estés donde estés en la vida y sean cuales fueren tus metas, deseas rebasar tus límites y ampliar tus posibilidades.

Contra lo que suele creerse, el éxito personal tiene muy poco que ver con tu coeficiente intelectual, tus circunstancias, tus recursos económicos, el hecho de que conozcas a las personas adecuadas o hasta la suerte. Piensa, por ejemplo, en el gran escultor francés Auguste Rodin, quien procedía de una familia pobre y fue rechazado de la escuela de artes plásticas en tres ocasiones. Pese a topar constantemente con el rechazo, Rodin se recuperó una y otra vez, usando cada tropiezo y decepción como una oportunidad para estimular sus talentos y pasiones. Tal como verás en los capítulos siguientes, la capacidad de recuperación y la motivación son dos de las aptitudes cruciales para las que está hecho el cerebro de un triunfador.

La asociación de cerebro y conducta

El talento combinado de los autores de este libro en psicología cognitiva conductual (Brown) y en neurociencias cognitivas (Fenske) los coloca en una posición excepcional para explicar en qué forma los mecanismos cognitivos del cerebro humano se relacionan con el éxito. En nuestras áreas respectivas, los autores hemos comprobado que las estrategias que compartimos en este libro pueden influir en el pensamiento y la conducta y ayudar a los individuos a abrirse camino a través de circunstancias desagradables, con objeto de prosperar y crecer. Ver a personas vencer retos –a veces increíblemente difíciles– y florecer de modo sistemático es una de las principales razones de que Brown se haya interesado tanto en la ciencia del éxito. Asimismo, hemos confirmado que esas estrategias pueden literalmente remodelar el cerebro. Está demostrado que los cerebros que operan con éxito "se encienden" de forma diferente y trabajan con mayor eficiencia, y Fenske ha investigado las alteraciones que presentan la estructura y función del cerebro a raíz del uso que su dueño hace de él.

El cerebro de los triunfadores en realidad opera distinto al cerebro promedio. Lo sabemos gracias, en parte, a que los adelantos tecnológicos nos permiten ver –en escaneos cerebrales– diferencias individuales en el modo en que áreas neuronales se encienden al entrar en acción. Puesto que miden cambios fisiológicos relacionados con la actividad neuronal, entre ellos incrementos del torrente sanguíneo en el cerebro, técnicas como la imagen por resonancia magnética funcional (IRMF) pueden ayudarnos a ver cuáles áreas cerebrales son relativamente más activas y participan en la producción de una idea, emoción o conducta. (Si, por ejemplo, alguien aparece repentinamente detrás de ti y grita: "¡Bu!", la instantánea sacudida de miedo que recorre tu cuerpo se asocia con mayor actividad en la amígdala, estructura en forma de almendra en el lóbulo temporal medio, la más estrechamente asociada con la identificación de amenazas y la evaluación del riesgo de daños.) Nosotros hemos descubierto lo siguiente:

El cerebro de un triunfador es muy bueno para evitar distracciones y elegir la mejor manera de concentrarse en una tarea (el cerebro humano es capaz de diferentes tipos de concentración) a fin de obtener el resultado óptimo. Una investigación dirigida por Daniel Weissman, de la University of Michigan, demostró que los participantes podían detener y reorientar la capacidad de procesamiento de su cerebro para desempeñarse mejor pese a interrupciones. Nosotros llamamos *reinversión de concentración* a la modalidad deliberada de esta estrategia. Con algo de práctica, tú puedes desarrollar esta habilidad, para reducir tus errores por falta de atención. Aun si anteriores intentos de cambiar de trabajo, encontrar pareja o cumplir cualquier otro objetivo han fracasado, una dosis extra de concentración podría ser justo lo que necesitas para pasar lo peor.

El cerebro de los triunfadores posee una inagotable provisión de esfuerzo. Si a un jovencito se le obliga, contra su voluntad e interés, a practicar piano una hora al día, es poco probable que llegue a ser un pianista consumado. En cambio, un niño o niña aficionado a la música, interesado en tocarla y conocedor del potencial del éxito priorizará y cumplirá sus sesiones de práctica, aun en el caso de días extenuantes. Este niño será más propenso a volverse un pianista hábil y exitoso, gracias a su capacidad para sostener su esfuerzo.

El sustento de esta idea procede de estudios como el de Debra Gusnard y colegas, de la School of Medicine de la Washington University, quienes midieron la actividad cerebral de personas que veían una serie aleatoria de imágenes emocionalmente estimulantes o aburridas. Estas personas también llenaron autoevaluaciones de su nivel diario de perseverancia en finalizar tareas. En periodos del experimento que contenían principalmente imágenes aburridas, los sujetos muy tenaces mostraron mayor actividad en regiones cerebrales que se sabe contribuyen a la motivación. Los sujetos poco persistentes mostraron *menor* actividad en esas regiones. El cerebro de los triunfadores infunde motivación para vencer el aburrimiento, mientras que el cerebro de individuos menos tenaces parece perder ímpetu.

El cerebro de los triunfadores se adapta en forma excepcional con el paso del tiempo, valiéndose de un proceso conocido como neuroplasticidad. Cada vez que piensas algo, sientes una emoción o ejecutas una conducta, en tu cerebro ocurre un cambio correlativo de algún tipo. En algunos casos, estas alteraciones son detectables en el aspecto físico del cerebro. Como veremos más adelante, el hipocampo –área cerebral implicada en la memoria y la dirección espacial– de ciertos taxistas de Londres presenta regiones considerablemente más grandes que las del individuo promedio. Investigaciones realizadas por Eleanor Maguire y colegas, del University College de Londres, sugieren la probabilidad de que esos taxistas hayan tenido al principio un cerebro bastante ordinario. Pero cuando se sintieron motivados a memorizar rutas, construyeron literalmente un cerebro mejor, neurona a neurona. Esto es algo que prácticamente cualquiera podría hacer –tú incluido– si quisiera.

Muchas personas ven el cerebro como una estructura abstracta y misteriosa, casi como una serie de controles maestros que operaran a puerta cerrada con piloto automático y a los que no se tiene acceso. Pero no es así. Tú puedes abrir esa puerta y controlar consciente, deliberada y satisfactoriamente gran parte del tablero de circuitos de tu cerebro, a fin de estar en mejores condiciones para cumplir tus metas y sueños. El cerebro se encuentra en actividad y se halla sujeto a cambios hagas lo que hagas: éste es uno de los descubrimientos clave de las neurociencias modernas. Lo que distingue al dueño de un cerebro triunfador es el deseo de encargarse de ese proceso, y la destreza para hacerlo.

Nuestra definición de "triunfador" incluye la concepción usual: una persona con éxito extraordinario en los aspectos de la vida que más valora. Los triunfadores logran lo que se proponen, trátese de dominar un *swing* de golf, enseñar a un hijo a sentirse seguro de sí mismo o ascender en la jerarquía corporativa. Pero nuestra definición contiene algo más: el tipo de triunfadores de los que hablamos disfrutan del trayecto hacia sus metas casi tanto como del destino mismo, y persiguen un éxito que contribuye a crear un mundo mejor. Lo sepan o no, además, para llegar a la cima prácticamente todos ellos recurren a estrategias mentales específicas que se exponen en este libro.

A lo largo del volumen, docenas de triunfadores cuentan su historia, que arroja luz sobre la ciencia y las teorías. Son de lo más variados: artistas e inventores, músicos y gente de negocios, un limpiavidrios de rascacielos, una campeona olímpica. Muchos son famosos, como el rey del *blues* B. B. King, la medallista olímpica Kerri Strug, la actriz Laura Linney y la oradora motivacional Trisha Meili, la "corredora de Central Park". A su manera muy particular, todos satisfacen la definición de éxito. Nuestros entrevistados revelan información asombrosa, instructiva y a menudo conmovedora, dirigida a demostrar que cualquiera puede cambiar su pensamiento para mejorar su vida.

Claro que no todos los poseedores de un cerebro triunfador lucen una medalla de oro, un Óscar o un sueldo de un millón de dólares. Algunos de los que conocerás en estas páginas consideran su mayor logro haber llegado a ser profesionales universitarios, excelentes taxistas o artistas en activo. Pero son tan admirables como las celebridades que hallarás en este libro, porque han alcanzado lo que más les importa en la vida, muchas veces enfrentando la adversidad extrema.

Lo que *no* hace falta

También nos gustaría echar por tierra el mito de que todos los triunfadores nacen debidamente dotados para el éxito, de que se nace o no con un cerebro óptimo. Falso. Sabemos que el cerebro cambia según lo que su dueño decide hacer con él. Y sí: tú tienes cierto grado de control sobre ese proceso. Muchos de los estudios que presentamos en este libro demuestran esa causa y efecto de manera convincente. Lo que emerge de esas investigaciones, y de nuestras entrevistas representativas, es que los triunfadores suelen verse obligados a realizar grandes reajustes para poder salvar los obstáculos de la vida y seguir por el camino del éxito. Además, muchos de ellos no comienzan con los enormes recursos económicos o las importantes relaciones personales que cabría suponer. Y muy pocos se ajustan a la definición de "afortunado". Todos dan muestra de un uso estratégico y proactivo de su capacidad intelectual; descubren y utilizan la adaptabilidad de su cerebro, en vez de dejarla al azar o de esperar a que las circunstancias ideales se presenten por sí solas.

En lo que se refiere a la operación de tu cerebro, no siempre naturaleza mata a educación; trabajan juntas. Uno de los temas centrales de este libro es que tu cerebro puede configurarse de muchas maneras para desarrollar plenamente su potencial genético. Como verás en el capítulo sobre la adaptabilidad, la estructura y funcionamiento de tu cerebro seguirán cambiando al paso del tiempo aun si no haces nada estratégico con él, sólo que no necesariamente como querrías. Así que, ¿por qué no tomar las riendas y educar la naturaleza que tienes? Incluso en la vejez, todos podemos adaptar nuestro cerebro. En efecto, una de las leyes fundamentales de las neurociencias es que este órgano conserva su capacidad de cambio hasta el momento de tu muerte. No eres esclavo de un cerebro que sólo puede responder de una única manera. Hay un sinfín de oportunidades para mejorarlo; y cuando te encargas de su marcha con determinación, tienes más posibilidades de influir en tu destino.

Bienvenido al cerebro del triunfador

El cerebro de un triunfador emplea estrategias definibles que le permiten operar con más efectividad. Muchos libros sobre el éxito adoptan un enfoque puramente conductual y no relacionan las funciones esenciales del cerebro con conductas específicas. No obstante, uno y otras están íntimamente enlazados. Tu forma de pensar y actuar influye en tu cerebro, y cambios en él influyen a su vez en tus ideas y conducta.

He aquí la organización de este libro: la primera parte se inicia con un breve recorrido por el cerebro, seguido por una historia rápida de las neurociencias modernas y los cambios que éstas han generado en nuestra manera de ver tanto el cerebro como la psicología. Después explicamos los mecanismos neuronales que debes esforzarte en desarrollar en tu trayecto hacia el éxito. Con base en una amplia revisión de las investigaciones existentes y en nuestra experiencia clínica, creamos un perfil de triunfador que describe cinco categorías de habilidades cognitivas, a las que denominamos "herramientas de capacidad intelectual". Aun si naciste con una combinación de algunas o todas esas herramientas, y las usas con grados variables de funcionamiento, nosotros explicaremos que puedes fortalecerlas utilizando las estrategias cognitivas que se detallan en la segunda parte del libro.

En esa segunda parte, que esboza nuestros ocho factores de triunfo, explicaremos cómo pueden los lectores perfeccionar su perfil individual mejorando ocho rasgos que determinan el modo en que el cerebro aborda diversas tareas, desde la conciencia de sí (factor # 1, el cual puede intensificarse) y la concentración (factor # 3, del que debe usarse el tipo correcto en el momento apropiado) hasta la memoria (factor # 5, que puede volverse más efectiva). Muchos de nuestros consejos son sencillos y fáciles de aplicar, aunque algunos requieren un poco de energía física (¿o debería ser "energía neuronal"?) para ponerse en práctica. Todas las estrategias pueden ayudarte a elevar tu rendimiento.

Por último, a lo largo del libro hallarás docenas de sencillas sugerencias, que llamamos "Buenas ideas" e identificamos con el símbolo que aparece a la derecha. Estas tácticas, a menudo sorprendentes e inesperadas, se basan en la investigación científica y fueron planeadas para fomentar las aptitudes de triunfo del cerebro. No son juegos efectistas, acertijos ni trampas, y muchas de ellas pueden adoptarse y aplicarse casi de inmediato.

Lo bueno es que todos poseemos lo que se necesita para alcanzar el éxito, simplemente porque tenemos un cerebro. Aun si nunca te has empeñado particularmente en aprovechar el poder de tu materia gris y blanca, puedes transformar tu pensamiento, emociones, conducta y hasta la estructura física de tu cerebro para desarrollar todo tu potencial. Tienes cerebro; puedes usarlo las veinticuatro horas del día, los siete días de la semana, sin costo alguno. Así como ejercitar tus bíceps te proporciona nueva forma y da más volumen a tus brazos, practicar las estrategias que se detallan en las páginas siguientes te ayudará a remodelar, desarrollar y optimizar las características neurocognitivas esenciales para el éxito.

Imagen © Joe Cicak

Uno de los primeros vaciados de *El pensador*, la magnífica estatua de bronce de Rodin, se encuentra en los jardines del Musée Rodin, en París. Si observas atentamente a este célebre hombre musculoso embebido en sus reflexiones, descubrirás que no es en absoluto una figura pasiva. Está inclinado hacia delante, el puño contra los dientes y los dedos de los pies enroscados en una piedra, el cuerpo entero entregado activamente al esfuerzo de la contemplación. Es poderoso y está lleno de propósitos. Se encuentra a punto de poner en práctica sus ideas. Como alguna vez señaló el propio Rodin: "El pensamiento fértil se elabora lentamente en su cerebro. Ya no es un soñador, es un creador."

El pensador es el símbolo perfecto para un libro sobre cómo el cerebro humano puede convertirse en tu bien más preciado. Al igual que *El pensador* listo para actuar sentado al filo de una roca, tú puedes encargarte en forma proactiva de tu mente, y pasar así de soñador a creador; de alguien que se sienta a divagar a una persona cuyos esfuerzos y propósitos se traducen en grandes ideas y una acción decidida. Tú puedes pensar en tu camino al éxito.

Puedes ser un triunfador.

CAPÍTULO 1

Un breve recorrido por el cerebro

Cuando la mayoría de las personas piensan en su cerebro, no lo imaginan como una estructura física real. Para muchos, el cerebro es una indefinida masa gris que de algún modo almacena recuerdos y experiencias y controla todos nuestros actos. Pero esto es como definir un país sólo por su producto interno bruto, cuando de hecho comprende estados, regiones, municipios, sectores laborales, compañías y trabajadores, todos los cuales contribuyen a su prosperidad financiera general.

La compleja anatomía del cerebro incluye muchos nombres, pero si no los conoces no te preocupes; los explicaremos y definiremos con claridad y sencillez. A lo largo de este libro mencionaremos una y otra vez algunas estructuras cerebrales que son áreas decisivas del cerebro de un triunfador, así que aquí tienes una hoja de repaso.

Corteza cerebral: Es lo que te ayuda a experimentar el mundo a tu alrededor, y a reflexionar después sobre él. Concibe esta arrugada y plegada cubierta exterior del cerebro como el hámster en la rueda, esta cubierta es la responsable de generar la considerable potencia computacional de tu cerebro. También llamada materia gris (sus células especializadas, o neuronas, carecen del material aislante al que gran parte del resto del cerebro debe su color blanco), la corteza cerebral es importante para tu capacidad de procesar e interactuar con el mundo que te rodea. Cada uno de sus cuatro lóbulos tiene asignadas funciones especializadas: el **lóbulo occipital**, la vista; el **lóbulo temporal**, el oído, el lenguaje, la

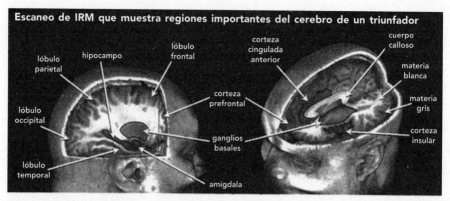

Escaneo de IRM que muestra regiones importantes del cerebro de un triunfador

lóbulo parietal · hipocampo · lóbulo frontal · corteza cingulada anterior · cuerpo calloso · materia blanca · lóbulo occipital · corteza prefrontal · materia gris · lóbulo temporal · ganglios basales · corteza insular · amígdala

Representación tridimensional del cerebro de Jeff Brown por Mark Fenske.

memoria y el reconocimiento de objetos y lugares; el **lóbulo parietal**, los procesos somato-sensoriales como tacto y temperatura, el procesamiento visuo-espacial, la atención y las acciones guiadas visualmente, y el **lóbulo frontal**, el procesamiento motor, la memoria operativa, la toma de decisiones y otras funciones mentales superiores.

El cableado situado debajo de la corteza cerebral consta de neuronas aisladas para asegurar el rápido intercambio de señales. Esta *materia blanca* actúa como el conmutador del cerebro, pues conecta las diferentes regiones corticales una con otra y con el resto del sistema nervioso.

Uno de los haces de filamentos de materia blanca más importantes es el **cuerpo calloso**. Éste une a los **hemisferios izquierdo y derecho** del cerebro, separados por una ranura profunda, la cisura longitudinal, que corre en línea recta en medio del cerebro. Aunque cada hemisferio contiene en esencia el mismo conjunto de estructuras neuronales especializadas, tienen diferencias importantes. El izquierdo, por ejemplo, está un poco más involucrado en el lenguaje y el manejo de símbolos, mientras que el derecho tiene predisposición a manejar el procesamiento visuo-espacial y el reconocimiento de rostros, entre otras cosas. El cuerpo calloso salva la distancia entre ambos y permite integrar la información de los dos.

Corteza prefrontal: ¿Puedes leer este libro y al mismo tiempo estar atento al momento en que bajarás del autobús y pensar en los correos electrónicos que escribirás al llegar al trabajo? La realización de multitareas mentales implica a la corteza prefrontal, región que se asocia con la toma de decisiones, el establecimiento de metas y la planeación para cumplirlas, así como con la elaboración de predicciones basadas en la experiencia y la distinción entre lo correcto y lo incorrecto. Situada en la sección anterior del lóbulo frontal, esta región también tiene una influencia decisiva en tu personalidad y en la conducta apropiada en situaciones sociales.

Corteza cingulada anterior (CCA): Si se te antoja una rebanada de pastel y estás a dieta, la CCA informa a otras estructuras cerebrales, como la corteza prefrontal, que hay un conflicto por resolver. La CCA tiene muchas funciones cognitivas y otras relacionadas con las emociones, pero en lo que se refiere al cerebro del triunfador es una área que se asocia con la detección de errores, el equilibrio emocional y la toma de decisiones. Reside cerca de la sección frontal y central del cerebro, justo en la parte superior del cuerpo calloso.

Ínsula: El acceso de náusea que sientes cuando percibes un tufillo a leche cortada es cortesía de la ínsula, estructura que yace oculta de manera profunda en la corteza cerebral entre los lóbulos temporal y parietal. Su nombre correcto es corteza insular, y está vinculada con la percepción y experimentación de ciertos aspectos de las emociones, en particular, la aversión física y psicológica, así como con la percepción y conciencia de los estados internos del cuerpo.

Amígdala: Esta estructura en forma de almendra se halla enclavada en el lóbulo temporal medio a cada lado del cerebro, unos cinco centímetros atrás del ojo. Es la estructura más frecuentemente asociada con las emociones, en particular, con recuerdos de fuerte carga emocional que implican aprendizaje y reacciones, como tocar una hornilla caliente. Si te dan miedo las víboras o los payasos, agradécelo a la amígdala, al parecer el área más estrechamente asociada con la identificación de amenazas y la evaluación de sufrir daños.

Hipocampo: El hipocampo destaca por su papel en la formación de recuerdos a largo plazo, de los que puedes hablar y contar a otros, como: dónde fuiste de vacaciones el año pasado o qué atajo tomar en horas pico. También relacionado con la dirección espacial y la memoria, el hipocampo es útil para recorrer sin problema un cuarto a oscuras que ya conoces. Esta estructura reside en el lóbulo temporal medio, justo atrás de la amígdala, y se curva gradualmente hacia arriba al extenderse hacia la parte trasera del cerebro.

Ganglios basales: Sobre la amígdala y el hipocampo se tiende a cada lado del cerebro un grupo de núcleos –racimos compactos de neuronas– a los que se conoce en conjunto como ganglios basales. Se les considera un componente importante de los sistemas de recompensas y motivación del cerebro, y gran parte de tu energía de iniciativa se canaliza por ese medio. Los ganglios basales están en estrecha comunicación con la corteza cerebral y, entre otras cosas, intervienen en la ejecución de actos físicos ya muy estudiados, como amarrarse los zapatos y abotonarse la camisa.

Éstos son sólo los puntos sobresalientes, pero no olvides que el cerebro trabaja en común de diversas formas para crear ideas, emociones y acciones triunfadoras.

CAPÍTULO 2

La increíble historia de las neurociencias modernas

La búsqueda de una fórmula para triunfar

Las neurociencias modernas se apoyan en una firme base de descubrimientos individuales, cada uno de los cuales ha aportado algo para desentrañar los misterios del cerebro y la forma en que éste sirve de sostén a nuestras ideas y conducta. Este fundamento es determinante para entender cómo funciona el cerebro e identificar los factores específicos implicados en el desarrollo del cerebro de un triunfador.

La Feria Mundial de Chicago se inauguró el 27 de mayo de 1933, cuarenta años después de la anterior, la Exposición Universal Colombina de 1893, con la que se celebró el cuarto centenario del descubrimiento de América por Cristobal Colón. La de 1933 fue en gran medida una feria científica, y sus lámparas y electricidad se activaron con rayos procedentes de la estrella Arturo, a cuarenta años luz de distancia de la Tierra. A los visitantes les impactó la altísima ciudad de ensueño que se alzaba sobre lo que había sido un vertedero de basura y que ahora se extendía por casi un millón ochocientos metros cuadrados del Burnham Park, a orillas del lago Michigan. Y aunque esta feria se efectuó en lo más álgido de la Gran Depresión, más de cuarenta y ocho millones de personas cruzaron sus puertas, pagando gustosamente la entrada diaria de cincuenta centavos de dólar para testimoniar los inexplorados límites de la imaginación humana y deleitarse con la información y experiencias que la Gran Feria brindaba.

Este evento fue concebido como un tributo a la ciencia y a la tecnología, y de ahí su eslogan: "Un siglo de progreso". Su Salón de la Ciencia, de más de treinta y siete mil metros cuadrados, incluía una refinería de petróleo en miniatura, una exposición sobre la evolución y un robot de tres metros de alto que explicaba la digestión. Ésa fue también una de las primeras veces en que se exhibió públicamente un invento deslumbrante llamado televisión.

Y luego estaba asimismo el psicógrafo, que por sólo diez centavos de dólar escudriñaba el cerebro de una persona. Esta máquina para explorar el cerebro parecía una anticuada secadora de pelo de salón de belleza, con docenas de largas sondas de metal salidas de su casco. El sujeto se sentaba en una silla y el casco se bajaba y ajustaba, tras de lo cual el operador jalaba una palanca para activar un motor de correa de

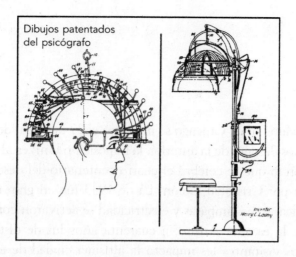

Dibujos patentados del psicógrafo

transmisión que emitía señales de bajo voltaje destinadas a reflejar las diversas regiones, o lo que el psicógrafo interpretaba como "órganos" del cerebro. Una vez terminado el examen, una enorme impresora de matriz de puntos entraba ruidosamente en acción, proporcionando a cada cliente un "neuroanálisis" personal titulado "La Guía de la Vida".

El psicógrafo era el equivalente mecánico de una práctica ya centenaria entonces, conocida como frenología, mezcla de ciencia del cerebro, psicología y filosofía. Los frenólogos pensaban que el cerebro era moldeado literalmente por ciertas características, que hacían que el cerebro se apretara y desplazara contra el cráneo, dejando así en éste protuberancias e hinchazones reveladoras. Según ellos, el talento y carácter de un individuo era fácil de descubrir si se sabía interpretar correctamente la topografía del cráneo; por ejemplo, en el cerebro frenológico la sede de la musicalidad se situaba en la base de la sien justo bajo el ojo izquierdo. La justificación de esto procedía de retratos de Mozart, a menudo representado con un dedo puesto precisamente en ese sitio cuando componía.

Antes de que se inventara el psicógrafo, los frenólogos apoyaban sus argumentos en una serie de gráficas sobrepuestas en dibujos a tinta y modelos de cráneos en yeso. Pero a principios del siglo XX, muchas de sus teorías ya habían sido ampliamente desacreditadas y eran remplazadas por los florecientes campos de la psicología y las neurociencias. Cuando esa máquina hizo su aparición en la feria de Chicago, tanto los profesionales como el público en general consideraban ya a la frenología una cuestión novedosa más que una ciencia (lo que quizá explica por qué el psicógrafo fue desterrado del Salón de la Ciencia y colocado entre las atracciones circenses y carnavalescas del Paseo Central, y por qué la exposición del Templo de la Frenología se ubicó entre la Ciudad Miniatura y la carpa de "Aunque usted no lo crea" de Ripley, justo a la vuelta del circo de pulgas).

Aunque equivocado, los frenólogos desempeñaron un importante papel en la promoción inicial de las neurociencias modernas. Intentaron desentrañar los secretos de la personalidad y la conducta vinculando funciones mentales específicas con diferencias de tamaño de las diversas áreas del cerebro. Su noción de que éste era el centro del pensamiento, la emoción y la conducta fue revolucionaria en comparación con puntos de vista históricos previos. Los antiguos egipcios, por ejemplo, creían que el corazón era el responsable del pensamiento y otras funciones superiores; así, al embalsamar a sus muertos lo preservaban con sumo cuidado, desechando en cambio el cerebro. Y aunque sabios posteriores, como el médico griego Alcmeón, propusieron que el cerebro era importante para el pensamiento y la percepción, aun filósofos notables como Aristóteles siguieron creyendo que el corazón era el órgano decisivo relacionado con el pensamiento, y que el cerebro servía principalmente como radiador para enfriar la sangre que pasaba por el corazón. Estos ejemplos ilustran que la humanidad se ha empeñado durante milenios en determinar la sede del intelecto. Las diversas y cambiantes opiniones al respecto se inclinaron finalmente por el cerebro. Desde siempre nos ha fascinado indagar qué mueve a este órgano crítico, y ponderar cómo aprovechar su fuerza.

En este capítulo resaltaremos algunos de los momentos decisivos en la historia reciente de la psicología y las neurociencias, casos de los últimos doscientos años que han contribuido a nuestro conocimiento del cerebro y de su funcionamiento. Muchos casos anteriores en el tiempo se derivaron de hechos lamentables, en los que pacientes dieron literalmente la vida (a menudo, sin querer) por las neurociencias, siendo examinado su cerebro después de un accidente fatal o de muerte. Esos sacrificios proporcionaron a los investigadores un punto de partida para obtener conocimientos sobre dónde se forman los recuerdos, qué estructuras poseen la clave de la conducta ética, cómo procesamos el lenguaje, etcétera. Todos los ejemplos que describiremos brindan evidencias que confirman que al cambiar el cerebro, cambia tu manera de pensar, sentir o actuar, y que estos cambios pueden conducirte al éxito.

En nuestra indagación de qué hace que el cerebro de un triunfador opere de modo tan efectivo, nuestras metas no fueron muy distintas a las de los frenólogos. Ellos inventaron el psicógrafo en afán de explorar el cerebro. El paisaje del cráneo era para ellos una ventana abierta al funcionamiento de las áreas especializadas del cerebro, abajo de aquél. En este libro perseguimos las mismas metas, aunque a sabiendas de que el cráneo es demasiado duro y el cerebro demasiado blando para darnos respuestas en forma topográfica. Lo que haces con tu cerebro lo lleva a crecer y cambiar, y esto se ha comprobado al examinarlo con los increíbles instrumentos de los que hoy disponemos. También lo demuestran en la realidad las personas que logran hacer en la vida lo que se proponen.

La ciencia del cerebro con una detonación

La opinión de los frenólogos de que estructuras específicas del cerebro podían especializarse en diferentes aspectos del pensamiento, la emoción y la conducta fue radical en su momento, y hasta cierto punto acertada. Su influencia se advierte en el centro mismo de uno de los casos fundamentales en la historia del estudio del cerebro.

En el verano de 1848, Phineas P. Gage, capataz de construcción de ferrocarriles de 25 años de edad originario de Vermont, provocó por accidente una explosión que arrojó por los aires una barra de hierro.

Ésta se incrustó en su mejilla izquierda, le perforó la base del cráneo, atravesó la sección delantera de su cerebro y salió disparada por la parte superior de su cabeza antes de caer por lo menos a treinta metros de distancia, cubierta de sangre y sesos. Aunque el capataz volvió en sí tras el accidente y testigos informaron que hablaba con sentido, pronto se dieron cuenta de que: "Gage ya no era el mismo de antes".

Anteriormente se le había descrito como dueño de una mente equilibrada y alguien tenaz en la ejecución de sus planes. Ahora era rudo, irreverente y desconsiderado, totalmente incapaz de tomar buenas decisiones. Pasó el resto de sus días vagando sin rumbo de un empleo agrícola a otro, y exhibiéndose incluso como fenómeno en el Museo de P. T. Barnum en Nueva York junto a enanos y mujeres barbadas. Llevó consigo la barra de metro y medio hasta su muerte, a los 38 años. Nosotros la vimos hace poco, junto con su cráneo, en el Warren Anatomical Museum de la Countway Library of Medicine de Harvard, en Boston.

Frenólogos destacados que reflexionaron en el caso de Gage atribuyeron acertadamente su nueva personalidad a su lesión cerebral. Pese a las deficiencias de la frenología, la premisa básica de que partes diferentes del cerebro contribuyen a rasgos y capacidades distintas sustentaba correctamente la conclusión de que ese estallido había inutilizado los centros motores y del lenguaje de Gage, pero no las partes responsables del carácter y la razón. Dada la ubicación de la lesión, ésa fue una de las primeras pistas sólidas de que la corteza prefrontal, que forma parte del lóbulo frontal del cerebro, contribuye a generar rasgos básicos como el buen jucio y los modales sociales.

Esta verdad fundamental de que dichas facultades se sitúan en el cerebro tardaría décadas en probarse. El científico francés Paul Broca tomó la estafeta en 1861 al descubrir que las dificultades del lenguaje en pacientes con derrame cerebral procedían de lesiones en el lóbulo frontal izquierdo, atribuyendo finalmente el centro maestro de producción del habla a 6.4516 centímetros cuadrados de materia gris, no a la textura granulosa de la cabeza de una persona. En su honor, este pedacito del terreno cerebral se bautizó como área de Broca.

Doce años después, otro europeo, el psiquiatra Carl Wernicke, relacionó la imposibilidad de un paciente de comprender el habla con una lesión en otra área, el lóbulo temporal izquierdo. Los lóbulos temporales se hallan a cada lado de la mitad inferior del cerebro, y van de detrás de las sienes a detrás de los oídos. Más allá del progreso en cómo el cerebro procesa el lenguaje, la posibilidad de que la región cerebral implicada en la comprensión del mismo estuviera separada de la que lo produce ayudó a los científicos a entender que una capacidad básica como el lenguaje no está confinada a una única parte del cerebro. Los investigadores se percataron de que aspectos diferentes de capacidades fundamentales podían originarse en regiones cerebrales distintas. Esto significaba que tenía que haber mucha comunicación y esfuerzos coordinados entre esas diferentes estructuras cerebrales para que pudieran servir de soporte a algo tan sencillo como sostener una conversación.

Vivir el momento

Menos de un siglo después del encuentro de Gage con la varilla de metal, otra alma desventurada promovió sin saberlo el estudio de las neurociencias. Henry Molaison, también conocido como el "Paciente H. M." hasta su reciente deceso, podía recordar la crisis bursátil de 1929 y la Feria Mundial de Chicago, pero no un paseo por el bosque realizado poco tiempo atrás o a una persona conocida el día anterior. A los 9 años cayó de una bicicleta, tras de lo que sufrió ataques epilépticos hasta los 27, cuando, en 1953, un médico lo trató extrayéndole secciones de los lóbulos temporales medios, las partes más cercanas al centro del cerebro. Esto eliminó los ataques de H. M., pero también su capacidad para crear nuevos recuerdos a largo plazo. En lo sucesivo fue objeto de intenso estudio científico; expertos de todo el mundo llegaban a valorarlo. Pero no parecía importarle; H. M. jamás recordaría nada de esto.

En su operación contra la epilepsia se extirparon dos terceras partes de su hipocampo, estructura curva en los lóbulos temporales medios.

Si consideramos que después sólo recordaría experiencias anteriores a su operación, su cirujano, William Scoville, y su neuropsicóloga, Brenda Milner, concluyeron que una función clave del hipocampo es formar memoria declarativa, aquellos recuerdos en los que es posible reflexionar y que pueden contarse. Pero a Milner e investigadores subsecuentes también les pareció interesante que muchas otras funciones de la memoria de H. M. se hubieran preservado. En un experimento se pidió a este último trazar una línea entre dos bocetos de una estrella de cinco puntos, uno dentro del otro, mientras miraba su mano y la estrella en un espejo, habilidad difícil de dominar para cualquiera. En cada ocasión en que H. M. tomaba el lápiz, realizaba el trazo de la estrella como si fuera la primera vez. Pero gradualmente se volvió muy bueno para ejecutarlo.

Esto se debe a que su cerebelo, protuberancia del tamaño de un puño situado en la base posterior del cerebro, y sus ganglios basales, ubicados cerca del centro del cerebro, permanecieron intactos. Estas regiones son clave para lo que los científicos llaman memoria procesal o de procedimientos, lo que permitió a H. M. adquirir nuevas habilidades motoras como trazar la estrella o practicar un juego que requería apilar discos en un orden específico. Pero como no podía formar recuerdos conscientes de sucesos nuevos, nunca recordó explícitamente haber adquirido tales habilidades. También su memoria a corto plazo y su memoria operativa se encontraban en buen estado; podía memorizar listas de palabras y retener información por periodos cortos casi tan bien como un individuo promedio. Pero podría afirmarse que durante los cincuenta y cinco años siguientes, hasta su muerte en una casa de reposo en Connecticut, en realidad H. M. vivió el momento.

Igual que Gage antes que él, la mala suerte de H. M. es uno de los grandes hitos en el estudio de las neurociencias. La manera en que funcionaba su memoria selectiva contribuyó a explicar el vínculo entre la estructura del cerebro y procesos psicológicos específicos. Esto probó además la naturaleza tanto localizada como holística del cerebro, lo que quiere decir que sus componentes operan por separado pero también suelen trabajar en común. La historia moderna del estudio del cerebro está repleta de casos de lesiones como las de Gage y H. M. que nos han ayudado a, por ejemplo, vincular la vista con los lóbulos occipitales, la atención y el procesamiento visuo-espacial con los parietales y las emociones con estructuras como la amígdala. En estos casos, las cosas no salieron tan bien para los individuos, pero cada derrame, golpe en la cabeza y varilla en el cerebro hicieron avanzar nuestra comprensión de cómo funciona este complejo órgano.

Ir más allá de lesiones

Por fortuna, ya no tenemos que esperar a que ocurran accidentes para examinar el trabajo interno de la mente humana. De hecho, en 1929, pocos años antes de la feria de Chicago, un psiquiatra alemán, Hans Berger, estuvo entre los primeros en presentar una manera menos agresiva de estudiar el cerebro en funcionamiento. Berger cambió para siempre las neurociencias en 1929 al colocar electrodos en el cráneo de sus pacientes para producir una representación gráfica de la actividad eléctrica del cerebro. Observó estas ondas cerebrales, como él las llamó, en una enorme variedad de diferentes circunstancias, registrando cómo cambiaban según lo que el paciente hacía, o incluso pensaba. Si un paciente estaba tranquilamente sentado en una silla con los ojos cerrados, Berger advertía lentas ondas alfa, y si el paciente permanecía en la silla y abría los ojos, el cerebro cambiaba a ondas beta de más alta frecuencia. Berger pudo atribuir así la respuesta eléctrica del cerebro a diferentes tipos de atención y concentración.

Versiones mejoradas de su método de electroencefalografía (EEG) se usan ahora de modo rutinario en todos los hospitales y consultorios de neurología. La EEG y su similar, la magnetoencefalografía (MEG), que mide campos magnéticos producidos por actividad eléctrica, tienen una resolución temporal de milisegundos, o mejor aún. Así, se les considera instrumentos invaluables de investigación para estudiar la cronometría de diferentes funciones cerebrales, tanto como el lugar general desde donde se originan.

Después de Berger, los científicos han seguido ideando maneras de descubrir los misterios del cerebro sin tener que esperar a que un paciente muera. En 1970, Phineas Gage habría podido llegar a cualquier sala de urgencias para someterse a una sencilla serie de pruebas, las que habrían revelado que su lesión se situaba en la *corteza prefrontal*, parte del cerebro que ahora sabemos que se asocia con conductas cognitivas complejas, la expresión de la personalidad, la toma de decisiones y la conducta social, justo los rasgos que desmerecieron en Gage una vez que la barra de hierro perforó su cerebro. Esas pruebas no habrían alterado la naturaleza de una lesión cerebral tan severa como la de Gage, pero al menos los médicos ya pueden determinar el alcance y efecto de lesiones de esa clase y cómo ayudar mejor al paciente.

Ahora sabemos que el cerebro opera en muchos niveles diferentes. Además de informarnos sobre él trazando ondas cerebrales, también lo hacemos monitoreando cambios en el torrente sanguíneo y en interacciones químicas y observando cómo responden diferentes tejidos y neuronas tanto en un momento dado como en experiencias repetidas. Hoy, algunos de los instrumentos de uso más común en la investigación de las neurociencias cognitivas son la imagen por resonancia magnética (IRM) y la imagen por resonancia magnética funcional.

Durante un escaneo de IRMF, un paciente se acuesta en una cama que se desliza dentro de un gran cilindro. El poderoso campo magnético del escáner obliga a que los protones en el cerebro se alineen, como las limaduras de metal bajo un imán. Después, breves impulsos de radiofrecuencias los dispersan, lo cual provoca que emitan una señal al volver a su sitio. Qué tan rápido vuelven a su lugar; sin embargo, depende del tipo de tejido en que se encuentran. El escáner capta esas diferencias y traduce las señales contrastantes en un mapa anatómico del cerebro.

Un escaneo de IRMF procede casi igual, pero en vez de buscar diferencias en la anatomía, detecta actividad cerebral mediante cambios relativos en los niveles de oxígeno en la sangre. Mientras las neuronas

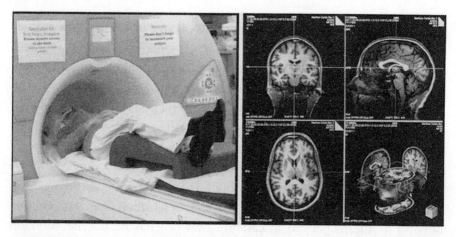

Liz Neporent en un escáner de IRM en el A. A. Martinos Center for Biomedical Imaging (izquierda) y las imágenes anatómicas resultantes de su cerebro (derecha). Fotografías de Cristine Lee.

activas consumen el oxígeno disponible, aumentos locales en el torrente sanguíneo brindan nuevos glóbulos rojos con hemoglobina rica en hierro portadora de oxígeno. Tras liberar su oxígeno, los átomos de hierro en la hemoglobina producen pequeñas distorsiones en el campo magnético circundante. Los cambios en la concentración relativa de la hemoglobina portadora de oxígeno en comparación con la hemoglobina sin oxígeno ofrecen por tanto otra serie de señales contrastantes que el escáner es capaz de captar, las que pueden asociarse con diferencias en la actividad cerebral. Centrada en la estructura del cerebro, la IRM puede estimar diferencias de grosor, densidad y volumen en diferentes partes del cerebro, mientras que la IRMF se centra en la función cerebral, midiendo niveles de actividad en miles de puntos del cerebro tal como realmente ocurre.

Aunque estas técnicas de neurorrepresentación se cuentan en la actualidad entre las de más amplio uso, también otros métodos proporcionan datos importantes. La actividad metabólica en el cerebro, por ejemplo, puede evaluarse usando un escáner que realiza tomografías por emisión de positrones (TEP), en tanto que la composición química del cerebro se puede juzgar usando un espectroscopio de resonancia magnética (ERM). Entre tanto, electrodos cuidadosamente dispuestos ofrecen registros de una sola célula, que pueden precisar el papel de neuronas particulares en diferentes funciones cerebrales, como las implicadas en identificar a tu pareja, tu hijo… o a Brad Pitt. Los investigadores continúan examinando asimismo tejidos cerebrales reales, aunque para ello ya no tienen que depender del sacrificio imprevisto de personas como Gage y H. M. Ahora la gente dona voluntariamente su cerebro, luego de su defunción, a lugares como el Harvard Brain Tissue Resource Center del McLean Hospital, en Belmont, Massachusetts, el banco de cerebros más grande del mundo. Dado que en la mayoría de los estudios hoy sólo se requiere una pequeña muestra de tejido, un cerebro puede servir para investigar cientos de proyectos.

Todas estas técnicas increíbles son fruto de muchas décadas de innovación y adelantos tecnológicos. Algún día, la tecnología que hemos descrito en este capítulo tal vez nos permita estimar la efectividad de estrategias cognitivas en tiempo real, identificar y hacer cambios a nivel celular o incluso crear nuevas formas de maximizar el cerebro. Por lo pronto, como veremos a lo largo de este libro, esas técnicas ya pueden darnos un indicio de cómo opera el cerebro de un triunfador.

El vaticinio de este libro se funda en nuestra presente capacidad para identificar áreas del cerebro asociadas a elementos cognitivos clave relacionados con el éxito, y para rastrear nuevos métodos que conduzcan a cambios en la forma de operar del cerebro. Avances recientes en la neurorrepresentación demuestran que esos métodos pueden llevar a mejoras en las funciones mentales y que estas mejoras pueden producir cambios en la estructura física del cerebro mismo. El alcance de los cambios positivos efectuados en la estructura cerebral refleja en parte la perdurabilidad de las correspondientes mejoras en el funcionamiento del cerebro. Esas mejoras pueden ayudarte a desarrollar el cerebro de un triunfador, y en las páginas que siguen daremos ejemplos de personas que se superaron y a las que les fue bien en la vida al usar las estrategias descritas en este libro.

Como nos dijo el doctor Scott L. Rauch, presidente de Part-
ners Psychiatry and Mental Health y presidente y jefe de psiquiatría del
McLean Hospital: "Las técnicas modernas de representación óptica del
cerebro han revolucionado las neurociencias. En la psiquiatría en particular, estos métodos han permitido a los investigadores explorar sin riesgos
la estructura, función y bases químicas de enfermedades psiquiátricas, así
como sus tratamientos. Asociados con la genética, los nuevos enfoques
de representación del cerebro auguran lo mejor para [el diagnóstico y el
tratamiento]."

Examen del cerebro del triunfador

Al escribir este libro –con intención de demostrar que el funcionamiento del cerebro se relaciona con el éxito–, tuvimos mucho cuidado
en no transmitir información errónea o incompleta. Cada uno de los
estudios que citamos fue considerado con gran cuidado, y en muchos
casos hablamos largamente con los investigadores que los realizaron.
También nos entrevistamos con los mejores pensadores en los campos
de las neurociencias y de la psicología, para no interpretar en el vacío
estudios particulares y cerciorarnos de presentar una visión exhaustiva y
de vanguardia de la manera que funciona el cerebro. Asimismo, reforza-
mos esos hallazgos hablando con individuos que personifican el cerebro
del triunfador. En casi todos los casos, nos complació descubrir que lo
que surte efecto en el laboratorio parece conducir a menudo al éxito en
el mundo real. Las personas que entrevistamos a lo largo de este libro
son ejemplos vivientes de formas acertadas de pensar, sentir y actuar.
Representan diferentes profesiones, nacionalidades y visiones del mundo.
Con cada estudio y entrevista quisimos ofrecer una mejor comprensión
de cuáles rasgos –que nosotros llamamos factores de triunfo– realizan las
mayores contribuciones al mejoramiento del cerebro, junto con estrategias planeadas que muy probablemente llevan a cambios positivos en el
funcionamiento tanto cerebral como conductual.

En vez de limitarnos a reportar mediciones de estudios sobre la capacidad del cerebro, nos esmeramos en develar la manera en que esa aptitud ayuda a alguien a tener éxito, y el modo en que tú también puedes aprovecharla. Tiene sentido que preservar y aumentar tu capacidad intelectual tratando de fortalecer conscientemente cualidades como la memoria y el equilibrio emocional (por mencionar sólo dos factores de triunfo) incrementará tus oportunidades de alcanzar lo que más te importa.

En definitiva, optimizar el funcionamiento de tu cerebro es la clave para sentirte más satisfecho, interesarte más en la vida, desarrollar tu potencial y realizar tus sueños. Y lo mejor de todo es que casi cualquiera puede hacerlo.

CAPÍTULO 3

Herramientas de capacidad intelectual

Cinco elementos esenciales para el éxito

El cerebro de los triunfadores tiene rasgos específicos, que nosotros llamamos "herramientas de capacidad intelectual". Algunos cerebros podrían poseer por naturaleza algunas o todas estas herramientas –y de ser así, qué bueno–, pero creemos que casi cualquier persona puede mejorarlas usando las técnicas que se incluyen en este libro.

La prueba del perfil del triunfador

Antes de leer este capítulo, haz esta prueba rápida para ver si ya cuentas con lo necesario para lanzarte en pos del éxito. Este test no es ciencia del cerebro *per se*, pero se deriva de nuestras experiencias e investigaciones asociadas con los rasgos psicológicos que parecen ayudar a la gente a triunfar y a tener éxito. Tú no naciste con estas herramientas plenamente desarrolladas, pero creemos que puedes usar tu cerebro para reforzarlas. Como verás en este libro, puedes adaptar la forma en que opera tu cerebro conduciendo conscientemente tus pensamientos, emociones y conductas en una dirección específica.

Resuelve esta prueba indicando qué tan de acuerdo estás con sus enunciados. Obtén tu puntuación sumando los números de todas tus respuestas y viendo después dónde te sitúas en este momento en el *continuum* del cerebro del triunfador. Una vez que hayas leído los capítulos sobre las estrategias de los factores de triunfo y de que te hayas dado un mes al menos para aplicar lo que aprendiste, realiza de nuevo esta prueba para ver si tu puntuación cambia. Quizá te sorprendan las mejoras en los resultados de tus áreas más débiles. Tal vez respondas en forma más decidida, pongas más atención en las cosas que consideras importantes o identifiques mejor qué talentos te harán avanzar en la vida.

Totalmente	*Relativamente*	*Totalmente*
en desacuerdo (1)	*de acuerdo (2)*	*de acuerdo (3)*

Láser de metas
1. Nunca me distraigo de mis metas.   _____

2. Trato de cumplir mis metas por todos los medios. _____
3. Siempre me aseguro de llevar un proyecto hasta su conclusión. _____

Indicador de riesgo óptimo

4. Tolero con facilidad estar fuera de mi zona de confort. _____
5. Nunca me arrepiento de mis decisiones. _____
6. Si algo es demasiado bello para ser verdad, usualmente es así. _____

Medidor de talento

7. Si soy bueno para algo, busco la manera de mejorar aún más. _____
8. Soy muy atinado para identificar potencial en mí mismo y en otros. _____
9. Me es fácil advertir lo que no sé. _____

Radar de oportunidades

10. Soy bueno para hallar soluciones cuando no parece haber ninguna. _____
11. Cuando algo no marcha bien, no veo en eso el fracaso sino la oportunidad. _____
12. Cuando intento algo y no sale como quiero, vuelvo a empezar para buscar una nueva manera de atacar el problema. _____

Acelerador de esfuerzos

13. Para mí es fácil motivarme a mí mismo. _____
14. Rara vez me atraso en algo. _____
15. Aun si voy en último lugar, encuentro la fuerza necesaria para terminar la carrera. _____

Puntuación

45-40: Empiezas muy bien; este libro te ayudará a perfeccionarte. Tus herramientas de capacidad intelectual están muy desarrolladas; púlelas para consolidarlas y que te sean aún más útiles.

39-30: Vas bien, pero puedes mejorar. Aprenderás rápido. Algunas de tus herramientas operan correctamente, pero otras podrían necesitar un ajuste. Las estrategias de este libro te ayudarán a llegar al siguiente nivel.

29-20: Apenas empiezas, pero puedes lograrlo. Conoces tu potencial. Si adoptas las estrategias para el cerebro que se explican en este libro, aprenderás a dirigir tus capacidades donde te plazca.

20 y menos: Tal vez crees que nunca alcanzarás el éxito. Pero no es así. Como casi todos, tienes la materia prima indispensable para conseguir lo que quieras en la vida; sólo necesitas un poco de ayuda para desarrollar las estrategias y herramientas con que lograrlo.

Cuando empezamos a escribir este libro, nos resultó muy claro que los cerebros de los triunfadores tienden a hacer lo mismo y a operar en formas similares independientemente de la dirección que sus dueños decidan darle. Cuando juntamos nuestras cabezas para determinar con precisión qué mueve al cerebro de un triunfador –Brown en su carácter de psicólogo cognitivo conductual y Fenske como neurocientífico cognitivo–, el producto fue un perfil compuesto por ocho factores de triunfo (de los que hablaremos más adelante), los cuales contribuyen a cinco áreas que llamamos herramientas de capacidad intelectual: tu radar de oportunidades, indicador de riesgo óptimo, láser de metas, acelerador de esfuerzos y medidor de talento.

¿Cómo llegamos a esto? Para comenzar, dedicamos mucho tiempo a confirmar que los cerebros extraordinarios operan de manera diferente en un momento dado y que se remodelan con el paso del tiempo en respuesta al modo en que se les usa. De ahí surgió la idea de que los triunfadores tienden a usar su cerebro para alcanzar el éxito. Más tarde conversamos sobre nuestros hallazgos y conclusiones con algunos de los expertos más respetados del mundo en las diversas ramas de las neurociencias y la psicología, para corroborar y mejorar nuestra interpretación de esta investigación. Hablar con las mejores mentes de este campo nos ayudó a llegar confiadamente a conclusiones que la investigación se encuentra en posibilidad de sustentar.

Por último, quisimos ilustrar que lo que es cierto en el laboratorio puede traducirse en éxito en la vida real. Y aquí es donde intervienen las entrevistas realizadas con docenas de personas a las que creemos triunfadoras. Cada uno de los triunfadores considerados en este libro no sólo ha sido exitoso en el área de su elección; también tuvo que dar clara muestra de que empleaba las herramientas de capacidad intelectual y estrategias de los factores de triunfo que aquí se describen. Además, ninguna de las personas que presentamos en estas páginas nació en sábanas de seda ni ha recibido nada sin haber trabajado con tesón para conseguirlo. Resultó tanto gratificante como asombroso ver lo bien que las neurociencias y la psicología concuerdan con lo que efectivamente ayuda a la gente a conseguir lo que quiere en la vida.

Llegamos asimismo a la conclusión de que algunas personas lanzan rápidamente a todo vapor cada herramienta de capacidad intelectual. Quizá no siempre se den cuenta de que usan su cerebro de esta forma, pero las investigaciones indican que así es. Algunos de los estudios que detallamos en esta obra comienzan identificando a personas que ya tienen la capacidad de hacer bien algo, y luego examinan cómo otras personas pueden aprender esa estrategia o rasgo particular. Otros estudios enseñan la estrategia para el éxito y recurren después a las neurociencias y a la psicología para explicar cómo funciona aquélla. Ambos tipos de estudios son útiles, porque enfatizan la capacidad del individuo promedio para orientar su cerebro en la dirección del triunfador.

Así que comencemos considerando cada una de las cinco herramientas de capacidad intelectual y el modo en que se alinean con el cerebro del triunfador. Entre tanto, conocerás a algunos de los triunfadores en quienes abundaremos más adelante, y recibirás una probadita de la ciencia del éxito.

Herramienta # 1: Radar de oportunidades

La sonora y entrecortada risa de Phyllis Diller es inconfundible. Al oír esa peculiar risa socarrona, podrías pensar que todo ha sido juego y diversión para su poseedora, pero no hay que olvidar que Diller se inició en la década de 1950, época en la que no se aceptaba a las comediantes precisamente con los brazos abiertos (a menos que fuera Lucille Ball). Pese a todos los retos que enfrentó en su juventud, Diller dejó pasar a menudo jugosas presentaciones a cambio de otras en las que se le pagaba una bicoca pero en las que creía que se le permitiría realizar el acto que ella quería y ser vista por la gente que ella deseaba. Se necesitaban agallas para hacer esto, sobre todo en el caso de alguien que llegaba con dificultad al fin de mes.

Al igual que muchos otros triunfadores que conocerás en este libro, Diller tiene la cabeza (¡además del cabello!) para estar en el lugar indicado en el momento justo. Nosotros llamamos *radar de oportunidades* a esta casi mágica capacidad para identificar una coyuntura importante.

Los triunfadores no cesan de buscar señales luminosas en la pantalla del radar de la vida; y cuando una les parece interesante, investigan. Otro gran ejemplo de ello es George de Mestral, ingeniero suizo que inventó el Velcro luego de examinar los cardos espinosos de montaña que quitaba del pelaje de su perro. ¿Cuántos millones de personas antes que él juzgaron un reverendo fastidio esos cardos? Los individuos con un excepcional radar de oportunidades saben que éstas no siempre llegan envueltas para regalo; más bien llegan envueltas en un problema, o en una idea en la que simplemente nadie reparó. Esta habilidad es muy útil para todos. Si un proyecto en el que trabajas se viene abajo, seguramente no te dará gusto; pero si aprovechas lo que aprendiste en él, quizá haya algún elemento que puedas convertir en algo grandioso.

Investigaciones recientes demuestran que personas como Diller y De Mestral se apoyan en lo que algunos han llamado el sistema de promoción del cerebro; los aspectos de éste están preparados para buscar y reconocer una buena oportunidad. Un equipo de investigadores dirigido por William Cunningham, por ejemplo, midió con un escáner de imagen por resonancia magnética funcional (IRMF) la actividad de las regiones cerebrales relacionadas con las emociones, como la amígdala y el cíngulo anterior, al tiempo que los individuos experimentaban palabras emocionalmente positivas y negativas. Descubrió que esas regiones eran más sensibles a información positiva en los individuos que tienden a buscar logros y avances, y más reactivas a información negativa en los que tienden a interesarse en la seguridad y la responsabilidad. Aparte de su capacidad para reparar en lo positivo, los triunfadores suelen depender de lo que la mayoría de nosotros describimos como intuición, aunque si ahondamos un poco comprobamos que ésta es otro aspecto del radar de oportunidades, alimentado por la disposición a ver las cosas con nuevos ojos. A eso se debe que Diller siempre haya sido capaz de revitalizar temas tan trillados como las suegras y los esposos holgazanes.

¿Fueron buenas todas las decisiones profesionales que Diller tomó? Ahí está otra vez esa risa famosa cuando ella admite su ración de frentazos. Como puedes ver, ni siquiera los grandes triunfadores interpretan siempre en forma correcta las señales luminosas en la pantalla del radar de oportunidades. Pero tener un buen radar te ayuda a poner las cosas a tu favor, pues permite prever qué oportunidades te podrían llevar al éxito y cuáles no. Aprendes a evitar errores si vas más despacio y dedicas tiempo a evaluar los pros y contras de cada oportunidad. Y cuando tropiezas, te importa poco, pues estás seguro de que persistirás hasta que se presente otra buena opción.

Herramienta # 2: Indicador de riesgo óptimo

Cuando Stephen Harris lanza su fulminante sonrisa, la mayoría de las mujeres piensan en el acto: "Estrella de rock." Harris fue un chico que provenía de una pequeña ciudad obrera de Gales que la hizo en grande en la década de 1980 tocando el bajo en bandas como *The Cult* y *Guns N'Roses*... hasta que dejó ese medio para perseguir otros intereses, como pintar y escalar rocas. No obstante, en septiembre de 2001 tuvo una epifanía que cambió su vida, al presenciar de primera mano el dolor y sufrimiento tras los ataques terroristas contra el World Trade Center de Nueva York. Aunque nunca fue un estudiante entusiasta, decidió regresar a la escuela y hacerse médico. Así, a los 36 años de edad corrió el riesgo y dejó una cómoda existencia para recorrer un camino en el que oficialmente no tomará un estetoscopio hasta que tenga 45. En definitiva, dice él, dar ese salto fue una decisión fácil. Se encoge de hombros cuando señala que de todas maneras algún día iba a cumplir 45 años, así que un riesgo mayor sería mirar atrás y darse cuenta de que no persiguió su sueño. ¿Cuántas veces tú has querido dar un salto pero no sabes cómo evaluar las consecuencias?

Personas como Harris hacen embonar su radar de oportunidades con la herramienta de capacidad intelectual que llamamos *indicador de riesgo óptimo*. Los riesgos que esas personas consideran importantes no implican apostar los ahorros de tu vida en una carrera de caballos o en inversiones altamente especulativas, ni son riesgos casuales como comprar un billete de lotería o apostar en el póker con la banda. Para que tu indicador de riesgo sea efectivo, debes ser bueno para identificar riesgos, determinar cuánto riesgo puedes tolerar y si quieres y puedes pagar las consecuencias en caso de que fracases. No tienes por qué exponerte a lo peor aventurándote con demasiada frecuencia, pero debes dirigirte a un beneficio suficientemente alto para que valga la pena.

Los triunfadores tratan por igual de mejorar su situación (y a veces, el mundo) corriendo riesgos suficientemente sustanciales para tener un interés personal en el resultado, pero más satisfactorios que si se quedaran al margen jugando a la segura. Esto se debe a que las metas poco ambiciosas no son gratificantes, y a que las inalcanzables son una pérdida de tiempo.

Evidencias de ello aparecieron en 2007 cuando Sabrina Tom y colegas, de la University of California, en Los Ángeles, realizaron un experimento de neuroeconomía para ver cómo el cerebro evalúa el riesgo. Escaneos cerebrales de 16 personas con 50% de probabilidades de ganar una apuesta a cambio de una reducida cantidad de dinero mostraron que una amplia serie de regiones asociadas con la recompensa se encendían al aumentar las posibles ganancias, pero que esas mismas áreas se apagaban al aumentar las posibles pérdidas. Los individuos con niveles más pronunciados de esta neuronal "aversión a pérdidas" en regiones como la corteza prefrontal y el cuerpo estriado ventricular (parte de los ganglios basales) tendieron a ser también aquellos cuya conducta mostró mayor sensibilidad a posibles pérdidas. Triunfadores como Harris son particularmente buenos para calibrar este umbral de riesgo, a fin de decidir si hay o no una oportunidad que valga la pena aprovechar. Saben cuándo echarse un clavado de cabeza y cuándo dar marcha atrás.

Herramienta # 3: Láser de metas

Ramin Karimloo, de origen iraní, vio por primera vez la obra musical *El fantasma de la ópera*, de Andrew Lloyd Webber, cuando tenía 12 años, y quedó cautivado. Ahora, mientras corre a maquillarse antes de una función nocturna en la producción de esa obra en el West End de Londres, se le ve tan emocionado y entusiasta como en aquel primer momento en que decidió que interpretar al fantasma era lo que quería hacer con su vida.

¡Que le hablen a Karimloo de tenacidad! Él tiene un impresionante *láser de metas*, la herramienta de capacidad intelectual que te ayuda a apuntar a lo que quieres en la vida sin permitir que la estática de las distracciones y preocupaciones interfiera. Esto te da paciencia para aplazar las satisfacciones, a menudo por años enteros, sin desviarte en el camino. Karimloo, por ejemplo, empezó a pulir sus habilidades cantando en bandas de rock, luego consiguió participar en el teatro regional y finalmente llegó a compañías itinerantes nacionales. Tenía poco más de 20 años cuando ya interpretaba papeles como suplente en la escena londinense, en éxitos como *Los miserables* y *Miss Saigón*. Por último, dos semanas antes de que cumpliera 25 se le concedió el papel principal del fantasma en el Teatro de Su Majestad de Londres, donde permaneció hasta que tuvo que prepararse para actuar como protagonista en la premier de *El amor nunca muere*, la muy esperada continuación de *El fantasma de la ópera*. (El propio Andrew Lloyd Webber lo seleccionó para este papel.)

Los estudios demuestran que personas con un láser de metas debidamente enfocado como Karimloo tienden a superar a sus compañeros menos resueltos, porque intencional y deliberadamente dan pasos para hacer lo que les importa. Por ejemplo, un estudio en 2007 de 223 vendedores realizado por Fernando Jaramillo y sus colegas de la University of Texas, en Arlington, reveló que los individuos dinámicos –aquellos que mostraban más iniciativa– no padecían tanto para traducir sus metas en acciones como sus compañeros con dificultades para tomar la iniciativa. En consecuencia, el láser de metas no se reduce a tener esperanzas y sueños; también tiene que ver con aferrarse a ellos hasta alcanzarlos.

Herramienta # 4: Acelerador de esfuerzos

La medallista olímpica Kerri Strug ganadora de oros es prueba viviente de lo valioso que resulta tener un firme *acelerador de esfuerzos*, como llamamos a la herramienta de capacidad intelectual que te da el impulso necesario para seguir derribando obstáculos y esquivando distracciones conforme avanzas sostenidamente hacia el éxito. Como lo sabe todo aquel que alguna vez haya intentado mantenerse en forma, ir al gimnasio día tras día, año tras año y soportar horas de práctica y castigo físico, como hizo Strug al preparar su heroico salto en las Olimpiadas de 1996, demanda una increíble ética de trabajo que va mucho más allá de la simple motivación. Claro que había días en los que Strug no estaba particularmente mentalizada para lo que tenía que hacer. Pero lo hacía. Y lo hacía firme, confiable y sistemáticamente. Cuando comparte su lema de toda la vida, "Nunca dejes para mañana lo que puedes hacer hoy", casi puedes oírla pisar con vigor su acelerador de esfuerzos.

La verdad es que muchas personas disfrutan de éxito cuando no están particularmente motivadas, pero parecen poseer una resuelta energía, inherente al acelerador de esfuerzos, que las mantiene en marcha. Vemos esto en estudios como el conducido por Debra Gusnard, en el que sujetos con alta puntuación en la escala de perseverancia (y que muestran mucha actividad en las regiones cerebrales asociadas con el dinamismo de la motivación) se desempeñan bien aun cuando las tareas sean aburridas y poco motivadoras. En comparación, los individuos con poca tenacidad muestran menor actividad en esas mismas regiones cuando enfrentan tales tareas.

Esto nos permite comprender mejor a triunfadores como Strug, quienes usan la motivación para llenar el tanque y aprietan duro el pedal del acelerador de esfuerzos. Las investigaciones indican que la dopamina, uno de los neurotransmisores del cerebro, desempeña un papel clave en el suministro de ese "impulso a hacer algo" mediante una vía neuronal clave que une estructuras en el cerebro medio y el cuerpo estriado ventricular. Estas regiones se ponen en marcha para hacerte pasar de la intención a la acción. En un estudio reciente con IRMF, Kari Eddington y colegas, de la Duke University, hallaron que esas áreas cerebrales son sumamente activas cuando alguien se siente muy motivado y orientado a la acción en referencia a una meta específica.

Herramienta # 5: Medidor de talento

Estudios de neurorrepresentación demuestran lo importante que es una corteza prefrontal muy desarrollada para ayudar a las personas de éxito en varios campos a estimar su aptitud. Entre otras cosas, la parte media de esa región cerebral hace grandes contribuciones al *medidor de talento*, la herramienta de capacidad intelectual que te da una idea de para qué eres bueno y para qué no.

El medidor de talento de una eminente golfista de la Ladies Professional Golf Association (LPGA) entró en acción a temprana edad. Jugar golf no apareció de inmediato como su don principal –antes lo fue el futbol–, pero en su preadolescencia se conoció bien a sí misma para saber que su destino estaba en los campos de golf. Destacaba en realidad en muchas cosas, tanto física como académicamente, pero su medidor de talento le sirvió para descubrir el camino que debía tomar, y sigue guiándola en su transición de golfista profesional a otras actividades. Estudios de neurorrepresentación como la investigación efectuada en Bélgica en 2007 por Arnaud D'Argembeau sugieren que una de las regiones delanteras de la corteza prefrontal media es particularmente importante para comparar los rasgos y capacidades propios con los ajenos. Esta conciencia de sí es determinante para mantener un medidor de talento apropiadamente calibrado.

De hecho, tener un medidor de talento bien calibrado es quizá tan importante como poseer talento. Tú podrías tener potencial para ser un gran orador, un padre o madre maravilloso o un maestro increíble, pero si no adviertes en ti estas capacidades, no dedicarás tiempo al desarrollo de esos naturales talentos. Y ni todo el trabajo del mundo te convertirá en un maestro consumado si esos empeños no ponen en juego tus fortalezas.

Un medidor de talento finamente ajustado también significa tener conciencia de las debilidades propias. Nuestra campeona de golf dice ser brutalmente sincera consigo misma; sea que aprenda un nuevo tiro o, como lo hace ahora, incursione en la industria del vestido, evalúa lo que sabe y lo que no. Cuando identifica una debilidad, se obsesiona a propósito en aprender lo más posible para minimizarla. Esto le permite evitar el hoyo de golf con trampa de arena, por así decirlo, en el que muchas personas caen cuando se juzgan buenas para algo sin serlo de veras.

Esto es lo que los científicos han llamado "el doble revés de la incompetencia", y puede meterte en problemas si no te cuidas. Trabajos de investigadores como Justin Kruger y David Dunning, de Cornell University, indican que si ni siquiera te das cuenta de las lagunas en tus capacidades, podría ser que nunca se te ocurra llenarlas. Como cualquier otra persona, aun los grandes talentos tienen oportunidades de mejorar.

Las cinco herramientas de capacidad intelectual se relacionan entre sí. Nosotros lo descubrimos una y otra vez tanto en los estudios que examinamos como en el escenario de la vida real donde los triunfadores exhiben sus cualidades. Y aunque creemos que es posible que tú tengas algo de éxito con apenas una lista parcial de esas herramientas en tu haber, pensamos que tienes más probabilidades de lograr lo que quieres en la vida cuando todas tus bases están cubiertas. Además, puesto que todos parecemos estar dotados de la capacidad de reforzar cada una de esas herramientas al menos en cierto grado –muy alto a menudo–, no vemos razón de que no debas intentarlo. Si lo haces, podrías alcanzar más éxito aún.

Lo bueno es que hay estrategias que puedes usar para reforzar tus herramientas de capacidad intelectual, divididas en ocho categorías generales que llamamos: "factores de triunfo". Cada grupo de factores de triunfo atañe a redes particulares de regiones cerebrales, a las que ayuda a operar con mayor eficiencia. Si desarrollas estos factores en forma sistemática, tus herramientas de capacidad intelectual se afianzarán y se convertirán en los rasgos primordiales de tu cerebro en tu vida diaria. En consecuencia, será más probable que participes en actividades que te conduzcan al éxito. Conocerás en detalle esas ocho estrategias del cerebro del triunfador en la siguiente sección de este libro, pero a continuación te ofrecemos un resumen.

Factor de triunfo # 1: Autoconciencia

Una desarrollada autoconciencia te vuelve más efectivo en tus relaciones, tu trabajo y todos los demás aspectos de tu vida. Cuando llevas este elemento al nivel del cerebro de un triunfador, no sólo estás consciente de cómo te relacionas con el resto del mundo, sino también de cómo el resto del mundo se relaciona contigo. A algunos les sorprende que la conciencia de sí sea una habilidad por desarrollar, pero varios estudios recientes demuestran que así es, y que hacerlo es muy importante. Prepárate para conocerte mejor.

Factor de triunfo # 2: Motivación

Aunque podría parecer que la motivación es como un rayo de luz, las investigaciones sugieren que fluye por ti como las fases de una corriente eléctrica. En el cerebro del triunfador, la motivación permite saltar obstáculos que suelen parar en seco a individuos menos resueltos. Este factor ayuda a vencer retos aun si hay poco ímpetu externo que lo estimule. La motivación predispone al cerebro a ver recompensas aun si todavía hay que andar un largo camino para obtenerlas y, en realidad, inclusive si nada garantiza que llegarán.

Factor de triunfo # 3: Concentración

¡Correos electrónicos! ¡Llamadas telefónicas! ¡Mensajes instantáneos! El cerebro enfrenta un cúmulo de distracciones que compiten por nuestra atención de modo casi constante. El cerebro de los triunfadores tiene la capacidad de concentrarse en tareas y actividades en el momento (sobre todo cuando éste está lleno de tensiones y distracciones). Calibra deliberadamente su nivel de concentración en una amplia variedad de circunstancias, y puede invocar el mejor tipo de atención para la tarea por emprender.

Factor de triunfo # 4: Equilibrio emocional

Para algunas personas, la palabra "emociones" tiene una connotación negativa, como si fueran algo que hay que evitar o representaran debilidad. Lo cierto es que las reacciones emocionales son una importante fuente de información que puede tener efectos poderosos en nuestras decisiones y conducta. Cuando las emociones están en equilibrio, puedes hacer que trabajen a tu favor y darles un buen uso a tus sentimientos en vez de permitir que te cieguen. Como señalan las investigaciones, hallar el truco de los aspectos del cerebro que controlan las emociones te ayudará a poner más atención en tus sentimientos y hará posible que los canalices en forma productiva; nosotros te enseñaremos cómo.

Factor de triunfo # 5: Memoria

Los triunfadores se apoyan en su memoria no sólo para recordar comidas dominicales de mucho tiempo atrás. La memoria es más útil y productiva cuando se le emplea para prever el futuro y hacer predicciones sobre la manera ideal de responder a una situación novedosa. Los individuos con cerebro de triunfador se distinguen por hallar rápido en su mente información pasada con la cual anticipar y entender mejor circunstancias nuevas. Los triunfadores también se dan cuenta de qué es lo que no saben, y disponen de mecanismos para obtener esa información de modo rápido y certero a fin de asimilarla y alcanzar un desempeño óptimo.

Factor de triunfo # 6: Recuperación

Es un error creer que los fracasos del pasado son una representación atinada del futuro. Los triunfadores comprenden y aceptan la importancia de fracasar y, para decirlo llanamente, se levantan al menos una vez más que los demás. Este acto de "levantarse" –sea mental o físico– equivale a la recuperación, término que a veces usamos en lugar del de resistencia. El cerebro que se recupera vuelve a la carga, no retrocede.

Factor de triunfo # 7: Adaptabilidad

El cerebro es sorprendentemente plástico y maleable. Los triunfadores abrazan este hecho. Aprovechan que el cerebro no cesa de cambiar y que la forma que adopta está directamente determinada por cómo lo usan. Esta adaptabilidad no se limita a una región cerebral única; se aplica a todas ellas. Cualquier cambio en una idea, conducta o emoción hace que el cerebro se adapte en consecuencia, aun si la diferencia no puede verse de inmediato en los escaneos. Cambios físicos más sustanciales en él pueden resultar de un trabajo intenso y consciente, pero incluso pequeños ajustes pueden alterar las reacciones de tu mente. Éste es el fundamento de cada estrategia y sugerencia del cerebro del triunfador que te ofrecemos.

Factor de triunfo # 8: Cuidados

Que no lo veas extender o flexionar sus músculos no quiere decir que tu cerebro no lo haga, al menos metafóricamente. Los triunfadores cuidan mucho su cerebro. Lo nutren con los alimentos indicados, le brindan sueño en abundancia y lo ejercitan, justo como lo harían con su abdomen o sus pectorales. Lo mismo que cualquier otra parte de tu cuerpo, tu cerebro operará según lo trates. Y cuando lo manejas con cuidado, estás en camino de tener el cerebro de un triunfador.

SEGUNDA PARTE

Cómo desarrollar tu cerebro de triunfador

FACTOR DE TRIUNFO # 1

Autoconciencia

Reflexionar en ti
para ser un triunfador

AUTOCONCIENCIA

Una armonizada conciencia de ti mismo te ayudará a conocerte mejor, saber cómo te relacionas con el resto del mundo y cómo el resto del mundo se relaciona contigo. Siendo más consciente de ti, entenderás mejor por qué te sucede lo que te sucede y cómo multiplicar las posibilidades de generar circunstancias que favorezcan tu éxito.

Aumenta tu capacidad intelectual: La conciencia de ti produce mejoras en tu *medidor de talento*, pues te ayuda a conocer tus aptitudes y las limitaciones que debes mejorar y superar. También forma parte importante del *acelerador de esfuerzos*; cuando tienes una noción clara de lo que te motiva, tiendes a elegir actividades que te mantienen en marcha.

Leonardo se lleva la mano a la barbilla mientras considera dos cajas que están en la mesa frente a él. Jesse, el adulto, le pregunta: "¿En qué caja está Abelardo, Leo?".

Leo piensa un momento y después señala tímidamente la caja pequeña. Está en lo correcto, así que Jesse le hace otra pregunta: "¿En qué caja crees que pienso que está Abelardo, Leo?".

Leo señala por segunda vez la caja pequeña. Nuevamente está en lo correcto.

Jesse sale entonces de la habitación, pero regresa en seguida, encorvado, con una capucha en la cara para que Leo no lo reconozca. Leo ve a ese encapuchado desconocido sacar a Abelardo de la caja pequeña y meterlo en la grande. Jesse se retira luego, aunque regresa segundos más tarde, ya sin la capucha para que Leo sepa quién es.

Hace esta vez la misma pregunta: "¿En qué caja crees que pienso que está Abelardo, Leo?".

Sin vacilar, Leo señala correctamente la caja pequeña. Por lo que a él respecta, Jesse no está al tanto del cambio y supondrá que Abelardo se halla en el último lugar donde lo vio antes de salir de la habitación. Esta capacidad para entender que alguien puede pensar que una cosa que sabes es incorrecta (lo que en psicología se conoce como "prueba de la creencia falsa") se considera un importante signo de desarrollo en los niños, y también en robots como Leo.

Naturaleza humana

Si Yoda (el personaje de *Star Wars*) hubiera tenido una mascota, habría sido como Leo. Sus ojos expresivos, boca de gatito y suaves orejas de conejo transmiten conocimiento del mundo y serena paciencia. Pero al recorrer la cortina de su aspecto encantador y desconcertante, se advierte una maraña de cables, tableros de circuitos y computadoras que lo dotan de la capacidad para imaginarse en los zapatos de una persona. Jesse es Jesse Gray, quien, junto con Matt Berlin y Cynthia Breazeal, del laboratorio de robótica personal del Massachusetts Institute of Technology, es uno de los creadores de Leo.

Cuando nosotros hablamos con Matt Berlin, el colega de Jesse, sobre el "experimento del juguete desaparecido", en cuya planeación participó para probar las capacidades de Leo, él se empeñó en hacernos comprender que los resultados de esa prueba son algo más que un juego atractivo. "Leo es el robot con mayor inteligencia social en el mundo", explicó. "Posee algunas capacidades que los seres humanos hemos desarrollado para interactuar entre nosotros: contacto visual, dirección de la mirada, toma de turnos y atención compartida. Y en el caso específico del enigma del juguete desaparecido, la habilidad para modelar los puntos de vista de una persona."

La ejecución de estas tareas cognitivas y emocionales relativamente simples implica un complejo mecanismo de *software* programado para aprender tal como lo hacemos los seres humanos: a partir de un núcleo de impulsos y capacidades básicas, que después aumenta conforme se acumulan experiencias físicas y sociales. Cada vez que Leo conoce a alguien, continúa procesando información sobre lo que ve y experimenta por sí mismo. De manera simultánea; sin embargo, comienza a archivar información desde la perspectiva de la persona, omitiendo en su favor todo lo que ella no sabe. Como ya vimos, Leo es capaz de entender el cambio de ubicación de Abelardo, siguiendo al mismo tiempo la pista de lo que Jesse Gray experimenta o no a nivel personal.

"Nuestra meta es diseñar robots que interactúen adecuadamente con los seres humanos y puedan trabajar mejor en equipo", explica Berlin. "Esto se basa en la idea de que el yo puede usarse como simulador para entender a los demás."

Aunque Berlin se refiere a robots, se hace eco en esencia de nuestro factor de conciencia de sí del cerebro del triunfador: la capacidad para: "conocerte a ti mismo", en especial en cuanto a tu relación con el resto del mundo. Nosotros creemos que una desarrollada conciencia de ti mismo te permite sacar provecho de tu medidor de talento y conocer mejor tus limitaciones al tomar decisiones en el momento y planear el futuro. Al darte propósito y dirección, una firme conciencia de ti mismo te ayuda a ser más eficaz en tus relaciones, tu trabajo y todos los demás aspectos de tu vida. Por eso los filósofos de la antigua Grecia ensalzaron la conciencia de sí como el secreto para comprender la naturaleza humana, y por eso muchos psicólogos modernos la consideran una meta importante en psicoterapia. También por eso, Berlin trabaja tanto para alcanzarla en robots tecnológicamente avanzados.

Neuronas espejo

Desde un ángulo estrictamente neurocientífico, muchos investigadores creen que la habilidad para caminar un kilómetro en tus zapatos se relaciona con una red de neuronas especializadas conocidas como *neuronas espejo*, originalmente descubiertas en el laboratorio de primates de Giacomo Rizzolatti en Italia. Se les llama de esa manera por su evidente propósito de permitir a una persona imitar y reflejar las conductas y emociones que ve en otras. En efecto, observar las emociones de otra persona activa las propias.

Curiosamente, es probable que las neuronas espejo hayan evolucionado para aumentar la conciencia social (la forma en que percibes tu lugar en un grupo), misma que comenzaba a establecerse en el cerebro. Puede ser que las neuronas espejo de estados emocionales, que quizá se alojan en la ínsula anterior, la corteza cingulada anterior y la corteza frontal inferior, te permitan "sentir" lo que otro siente, y considerar después tus valores y estándares al evaluar el comportamiento de ese individuo. Por ejemplo, si percibes y sientes empatía al instante con la molestia que alguien experimenta al golpearse en un dedo del pie, es más probable que muestres compasión y ayuda. Pero también lo es que evites sufrir una lesión igual en el futuro. En esencia, mientras acentúan la conciencia social, las neuronas espejo también aumentan la conciencia de sí. Este mutuo incremento de conciencia social y conciencia de sí contribuye a mejores interacciones con la gente y el mundo en general... y también a menos dedos lastimados.

Aparte de las neuronas espejo, la conciencia de sí parece apoyarse en una vasta red de regiones cerebrales, antes que en un solo "punto del yo". Recientes trabajos de investigadores como Georg Northoff indican que dicha red podría tener como centro un conjunto de estructuras corticales en la parte media del cerebro. Estas estructuras corticales intermedias parecen estar implicadas en un sinnúmero de responsabilidades de la conciencia de sí, como reconocer la diferencia entre tú y los demás, al monitorear y evaluar la conducta personal y recordar la historia propia.

La corteza insular, situada entre las cisuras de los lóbulos frontal, temporal y parietal, es otra región cerebral aparentemente decisiva para la conciencia de sí, aún más allá de su posible reflejo de estados emocionales ajenos. La ínsula está de suyo muy ocupada con otras actividades del cerebro del triunfador, como algunas de las relacionadas con nuestros estados emocionales. Estos deberes incluyen asimismo operaciones muy importantes que nos ayudan a rastrear cambios en estados corporales internos y sensaciones físicas; si te da comezón, por ejemplo, la ínsula te avisa y pone en movimiento otras áreas para que te rasques.

De algún modo, en formas que apenas empezamos a comprender, el entendimiento entre diferentes redes neuronales te impregna de la singularidad de tu yo. El cerebro de los triunfadores en particular tiene el don de aprovechar este atributo, especialmente en lo que se refiere a las interacciones con los demás y a la comprensión de las contribuciones que un individuo puede hacer al mundo. Y aunque Berlin admite que programar en robots una genuina conciencia de sí ha resultado más difícil de lo que se esperaba, la mayoría de los seres humanos tenemos una capacidad extraordinaria para ese rasgo. Dada la información correcta y un poco de práctica, podemos elevar nuestra conciencia a niveles del cerebro del triunfador.

Los triunfadores son auténticos

Cuando la entrevistamos para este libro, Laura Linney admitió, con exquisita modestia, que es algo "famosa y reconocible". Esto es tanto como decir que el fuego es "un poco caliente". Linney ha interpretado papeles importantes, en películas como *The Truman Show* (El show de Truman), *Mystic River* (Río místico) y *The Squid and the Whale* (Historias de familia), lo mismo que como Abigail Adams en la miniserie *John Adams*, de HBO, todo lo cual le ha valido un Emmy, un Globo de Oro, tres nominaciones al Óscar y dos al Tony. Está constantemente bajo los reflectores, gracias al cine, la televisión y otros medios, y muchas personas no sólo saben quién es; sienten como si la conocieran.

"Hace unos años, cuando me divorcié, pasé un día muy difícil", relató. "Iba en el metro a mi trabajo cuando de pronto se me acercó una chica muy linda, que se emocionó muchísimo al verme. Yo estaba evidentemente encerrada en mi mundo con mi iPod, aunque ella demandaba mi atención. Fui lo más amable que pude y la saludé, pero no le hice plática y volví a mi iPod. Cuando bajé del metro, volteé y vi que estaba llorando.

"Fue algo muy extraño para mí. En cierto sentido, me sentí horrible. No creía haber sido grosera. Pero comprendí que tenía mucho poder, y me sentí muy mal. Cuando pienso en ese momento, sigo sintiéndome muy incómoda."

Como confirmaría la propia Linney, la celebridad puede borrar la línea entre tu yo "público", la persona que muestras al resto del mundo, y tu yo "real", la persona que eres en privado cuando la puerta está cerrada y nadie te ve. En cierta medida, todos tenemos una personalidad pública: ¿quién no ha puesto buena cara en una fiesta luego de tener un mal día? Pero en quienes poseen una desarrollada conciencia de sí, estos dos yoes son muy parecidos, o al menos esos individuos captan conscientemente sus diferencias, y la razón de éstas. Cuando tú acortas la brecha entre tu yo público y tu yo real, es más fácil que sepas cómo te perciben los demás. Te consideran audaz por compartir tu yo real, y es más probable que te perciban como una persona segura, auténtica. De igual modo, evalúas más atinadamente tus interacciones personales: un vendedor que es un buen juez de sus clientes y se presenta como una persona genuina bien podría vender más; alguien que solicita un empleo se presenta con honestidad y juzga correctamente las reacciones a sus respuestas en una entrevista tiene más probabilidades de obtener el puesto en juego.

La mayoría de nosotros no tenemos que preocuparnos, como Laura Linney, de que nuestro mal humor o un mal día termine como un video en línea con virus, lo que hace más admirable que ella, poseedora del cerebro de un triunfador, alterne su yo público con su yo real. Linney reconoce que, en ocasiones, su fama puede hacer sentir mal a los demás cuando no reacciona como ellos quisieran, aunque sus intenciones sean buenas y sus acciones apropiadas. Siente empatía, pero también mantiene la situación en perspectiva, dándose cuenta de que no es tan perfecta como los demás esperarían. Situados en sus estructuras corticales intermedias, todo indica que sus procesos de evaluación tanto de la autopercepción como de la sensibilidad a los demás trabajan bien. Y como los estudios demuestran, a individuos tan buenos para evaluarse como Linney se les facilita usar la circunvolución frontal para sostener un diálogo interior que les ayude a encarar los aspectos emocionales de una situación y a actuar de acuerdo con sus valores personales.

La única salvedad de este análisis es que, a veces, lo que exhibes ante los demás no coincide con tu yo real, y eso está bien. Hay cosas que tal vez quieras –y debas– mantener en privado. Quizá sería preferible comunicar los detalles de tu inminente divorcio o de tus problemas financieros sólo a tus allegados. Como verás en el capítulo sobre la recuperación y la resistencia, en ocasiones las experiencias negativas pueden dar buenos resultados. Pero los detalles de esas experiencias podrían ser penosos. El cerebro de un triunfador con una precisa conciencia de sí admite que hay límites sanos y sabe cuándo ser un libro abierto y cuándo cerrarlo y ponerlo en el estante. Los triunfadores conocen el poder de comunicarse apropiadamente y saben dónde deben trazar la línea.

 ¿Cómo crees que eres?

¿Crees percibir la diferencia entre tu yo público y tu yo real? Contesta en una hoja las nueve preguntas sobre ti que aparecen a continuación (formuladas como si tu "yo real" te interrogara sobre él), y pide después a un amigo de confianza que lo haga también. Si ambas series de respuestas son muy parecidas, es probable que tengas una buena noción de cómo eres y cómo te perciben los demás. Si entre las respuestas de tu amigo y las tuyas hay una discrepancia notoria, quizá no tengas una idea clara y precisa del impacto que tus palabras, acciones y actitudes ejercen en quienes te rodean. El cerebro de un triunfador siempre se empeña en conocerse, así que sería apropiado que pidas a tu amigo mayor retroalimentación.

1. ¿Me confiarías un secreto?

2. ¿Me llamarías si tuvieras una emergencia?

3. ¿Cuál es la razón principal que me convierte en un buen amigo?

4. ¿Crees que perdono fácilmente o piensas que soy rencoroso?

5. ¿Qué les transmite a los demás mi lenguaje no verbal?

6. ¿Soy optimista o pesimista?

7. ¿De qué te harta oírme hablar?

8. ¿Qué me ves hacer cuando me siento incómodo o nervioso?

9. ¿Cómo me describirías con una sola palabra?

Lenguaje corporal: "Se te asoma el fondo"

Una de las metas del desarrollo de la conciencia de uno mismo del cerebro del triunfador es reducir la discrepancia entre tu yo real y tu yo público, de manera que es importante saber si sueles tener éxito al hacerlo. Un modo de saberlo es no prestar atención exclusivamente a lo que la gente dice. Quizá demores tres segundos en expresar en forma verbal lo feliz que te sientes, pero la modelización por computadora y el análisis de datos de electroencefalografía (EEG) realizados recientemente por Philippe Schyns y sus colegas de la University of Glasgow demostraron que el cerebro suele requerir menos de doscientos milisegundos para obtener de una expresión facial casi toda la información que necesita para determinar el verdadero estado emocional de una persona.

Una amplia variedad de expresiones faciales no verbales y de nuestro lenguaje corporal nos brinda abundante información sobre la manera en que la gente reacciona ante nosotros. Parte de esta información es obvia y clara. Cejas juntas, frente arrugada y párpados y labios tensos, por ejemplo, se interpretan universalmente como enojo. (Expresiones faciales universales como éstas se cuentan en una media docena, y quizá un par de docenas más se identificarían del mismo modo en la mayoría de las culturas, aunque no en todas.)

Otras pistas sobre cómo se siente en verdad una persona se filtran en fugaces microexpresiones entre expresiones intencionales o durante éstas. Las microexpresiones son instantáneas, tan rápidas que muy pocos las registramos conscientemente, y aun quien las muestra no está consciente de ellas y es incapaz de controlarlas. La modelización hecha en el estudio de Glasgow sugiere que el cerebro empieza a "escanear" esas expresiones mirando a los ojos a la persona, para después ampliar el campo visual a fin de procesar el rostro en su totalidad, y reducirlo por último para examinar facciones específicas de diagnóstico, como ojos muy abiertos de miedo o boca sonriente. Y hace todo esto en menos de un abrir y cerrar de ojos.

Señales no verbales suelen transmitir emociones e ideas con mayor eficacia que las palabras, quizá porque aprendemos a interpretarlas desde niños, mucho antes de aprender a hablar o de entender incluso lo que se nos dice. Y una vez que aprendemos a usar las palabras, aspectos como postura, gestos y movimiento facial se las siguen arreglando para apoderarse del hemisferio derecho del cerebro y dar el mensaje que la persona, consciente o subconscientemente, intenta transmitir. Interpretar en forma correcta la comunicación no verbal es una habilidad importante para mejorar la conciencia de sí. Tales señales van más allá de las palabras y te informan de lo que otro piensa realmente de ti. El cerebro de los triunfadores toma esa información acerca de lo que el otro experimenta y responde en favor de la relación, manteniendo entre tanto autenticidad, lo que le da retroalimentación a su vez sobre lo que el otro experimenta de él.

Los grandes actores conocen bien esto y son atentos observadores de la comunicación no verbal. Cualquiera puede recitar un parlamento, pero lo que determina una gran actuación son los matices de la expresión y de la disposición física. Éstos anuncian al público detalles importantes del carácter, experiencias y emociones de un personaje, como no pueden hacerlo las palabras. Linney nos dijo que pensó mucho en esto al interpretar su personaje de Abigail Adams para la aclamada miniserie *John Adams*, de HBO.

"Es poco lo que se sabe de ella, pero en una biografía encontré [...] una nota al calce con la información de que tenía los pies torcidos. Esta minucia cambió mi representación. Tenía que haber algo especial en una persona con los pies torcidos, y los efectos de eso en el cuerpo bajo toda esa ropa tan rígida. Esto me dijo algo e influyó en mi interpretación, sobre todo en el manejo de la voz."

Lee mis labios

Habla el doctor Jeff Brown: He aquí una técnica que empleo con mis pacientes a fin de que desarrollen su habilidad para interpretar las expresiones faciales y el lenguaje corporal: ve algunas escenas de una película que ya hayas visto, pero bajando todo el volumen. Observa las expresiones faciales y señales no verbales de los actores, con intención de captar las emociones que proyectan. Después vuelve a ver las mismas escenas con volumen, para saber qué tan cerca de la trama estuvieron tus impresiones.

Aun si al principio no eres bueno en esto, pronto mejorarás. Y una vez que lo hagas, aplica tu habilidad al mundo real. Ésta es sólo una de muchas maneras de pulir la interpretación del mundo que te rodea.

Si te sientes osado, ve películas de factura casera en las que tú aparezcas, con y sin sonido. Presta mucha atención a tus expresiones, gestos y otros ingredientes de la comunicación no verbal. ¿Es ésa la imagen que deseas proyectar al mundo? ¿Es la imagen que creías proyectar? Piensa en lo que haces bien al expresarte y en lo que podrías hacer un poco mejor. Esta experiencia puede ser muy ilustrativa. También podrías cerrar los ojos y repasar mentalmente un encuentro social, para ver si tu impresión de cómo actuaste y de cómo reaccionaron a ti los demás sigue siendo válida.

Una conciencia de sí satisfactoria en el pasado, presente y futuro

El cerebro de los triunfadores es muy bueno para viajar en el tiempo con objeto de relacionar la conciencia de sí del pasado con la del aquí y ahora. Años antes de que la brillante y desenvuelta Elizabeth Hudson se convirtiera en madre de familia en un suburbio de Calgary, Canadá, pasó dos años terribles en las calles, como prostituta y drogadicta. (Ella misma narra su historia en el excelente libro *Snow Bodies: One Woman's Life on the Streets*.) A nosotros, su capacidad de recuperación, sentido del humor y, en este caso, firme conciencia de sí ante la adversidad nos parecen admirables. En la entrevista que sostuvimos con ella, Hudson nos relató que, en un evento celebrado años después de su rehabilitación, tuvo la oportunidad de platicar con otras mamás.

"Era una demostración de Tupperware", nos contó Hudson, con un dejo de sarcasmo. "Cuando uno ha vivido 'la vida' y termina en una demostración de Tupperware, una parte de su cerebro dice: '¿Cómo es posible que estas señoras piensen que decidir el mejor tipo de pañal para sus hijos es un gran problema cuando yo he tenido una vida de sobrevivencia, miedo y horror?'."

"Pero en ese momento también me di cuenta de que saber elegir pañales es importante si no quieres que tus hijos se rocen. Esas mujeres me estaban enseñando a volver a vivir con gracia, pero las lecciones que yo había aprendido de mi pasado también eran igualmente valiosas. Me hicieron más fuerte y resistente. Al parecer, en toda circunstancia siempre he tenido sentido del humor y un sentido humanitario básico."

Hudson ha mantenido sorprendentemente intacta su conciencia de sí a lo largo de su vida. Es capaz de relatar con claridad aun las partes de su existencia que deberían estar distorsionadas por la adicción y la falta de hogar. Siempre sabe con exactitud quién es ella, y quién fue. Esto le ha sido muy útil y, como señalan los estudios, es una muestra de la manera de pensar de un triunfador de verdad.

Las personas con una firme conciencia de sí, sean cuales fueren sus circunstancias presentes, tienden a pensar a largo plazo. Cuando se trata de dinero, por ejemplo, es poco probable que busquen una ganancia rápida sin considerar si no habrá mejores opciones después, tendencia que los economistas y neurocientíficos llaman "descuento temporal". Un estudio de resonancia magnética funcional (IRMF) realizado en 2009 por Hal Ersner-Hershfield y sus colegas de Stanford University reveló que los participantes con las respuestas más consecuentes cuando se les pidió calificar rasgos vigentes de personalidad, como lo valerosos que eran ahora en comparación con lo que creían poder ser en el futuro, exhibieron de igual modo los más constantes niveles de actividad cortical media en la región más adelantada del cíngulo anterior. Estos individuos, asimismo, no se inclinaron al descuento temporal tanto como otros en el estudio. Los triunfadores saben que lo que es valioso hoy –trátese de sentido del humor o dinero– muy probablemente lo seguirá siendo mañana, y quizá por mayor tiempo.

Atención a tu yo

En su conversación con nosotros, Hudson empleó varias veces "estar consciente de" o "tener presente" al referirse a la forma en que ve su pasado y en que percibe la creación de una vida nueva. Este estar consciente connota una manera de pensar en uno mismo y en sus circunstancias centrada en el presente, que no cuestiona y no busca sólo reaccionar. Te lleva a considerar tus emociones, ideas y sensaciones físicas inmediatas sin emitir juicios ni pasar demasiado rápido a la acción. La meta de estar consciente se reduce a vivir el momento. Nuestra entrevista deja ver que esos actos de conciencia ayudaron a Hudson a librarse de la drogadicción.

También advertimos que Hudson muestra una capacidad natural para referirse a estados emocionales específicos. Esta habilidad suele ejercitarse en prácticas de tomar conciencia como el yoga y la meditación. Mientras que a muchas personas se les dificulta nombrar a sus estados anímicos, Hudson es muy precisa y elocuente al describir los suyos. Al hablar de alguna de las relaciones disfuncionales de su pasado, recuerda vívidamente haberse sentido enojada, triste o hasta divertida en un momento particular acerca de un hecho concreto. Ni siquiera durante su lucha con las drogas perdió contacto con sus sentimientos y actitudes. Así, no le sorprende que haya evidencias de que el pensamiento centrado en "estar consciente" cambia la manera en que una persona usa su cerebro.

En 2007, Matthew Lieberman y un equipo de investigadores de la University of California, en Los Ángeles, enseñaron a voluntarios fotografías de rostros enfadados al mismo tiempo que monitoreaban la

La atención importa

Practicar con regularidad el yoga o la meditación puede ser un excelente medio para desarrollar la habilidad del "estar consciente de", pero hay medios más sencillos. Puedes empezar diciendo en voz alta cómo te sientes en un momento dado. Por ejemplo, el solo hecho de decir: "Me siento enojado en este momento", o "Siento mucho estrés en este instante", o "Esto me hace feliz" puede concederte mayor control sobre tu manera de reaccionar a una situación.

Darás un paso más si prestas atención a detalles relacionados con una experiencia emocional particular. Cuando estás contento, repara en la diferencia en postura, respiración e incluso nivel de relajación de tus músculos faciales en comparación con cuando estás deprimido, enojado o aburrido. Produce momentos emotivos y reúne información de modo consciente. Por ejemplo, hojea un álbum fotográfico o cierra los ojos para recordar una situación y evocar y reexaminar lo que sentiste en ella. Incluso apagar unos minutos al día tu iPod, BlackBerry o algo similar para observar tu estado emocional en el aquí y ahora ayudará a tu cerebro a desarrollar su habilidad de atención.

actividad de su amígdala, región cerebral asociada con, entre otras cosas, la detonación de la señal de alarma en momentos de peligro. La reacción de la amígdala era vigorosa aun si las fotos se exhibían tan rápido que los voluntarios no podían precisar lo que veían. Pero cuando se les pidió verbalmente asociar las fotos con una palabra, sucedió algo interesante. Su amígdala se serenó, en tanto que se encendían las regiones cerebrales vinculadas con asociar experiencias emocionales con palabras y controlar la conducta. El simple hecho de designar con palabras lo que sentían les permitió controlar las partes de su cerebro responsables de aquella reacción extremosa y apelar a mejores recursos neuronales para mantener su equilibrio emocional, lo que los aproximó a la conducta ideal del cerebro del triunfador.

PERDIENDO EL SENTIDO

Un descubrimiento relativamente reciente atañe a la importancia para el yo de la circunvolución frontal superior. Mediante el uso de escaneos de IRMF* para medir la actividad cerebral, Ilan Goldberg y sus colegas israelíes del Weizmann Institute of Science descubrieron que esa circunvolución se mantenía muy ocupada en periodos de reflexión introspectiva en comparación con periodos de una tarea de control de clasificación del estímulo. Las calificaciones que los sujetos dieron a su nivel de conciencia de sí también fueron mucho más altas en esos periodos que en la tarea de control. En contraste, cuando los sujetos se sumergieron en una tarea de clasificación perceptual más difícil, las regiones de la circunvolución frontal superior se mostraron en gran medida inactivas. Esto se acompañó de reducciones sustanciales en las calificaciones de conciencia de sí, casi como si los sujetos hubieran perdido literalmente su conciencia de sí por unos momentos. Los investigadores señalaron que esta ceguera temporal del yo podría formar parte de la experiencia de "perderse" en el momento cuando se participa en una tarea.

¿Tu medidor de talento está calibrado?

Obviamente es bueno que confíes en tus fortalezas, pero la conciencia de sí del cerebro del triunfador también significa hallar asidero a tus debilidades. La ciencia demuestra que quienes desconocen sus defectos pueden condenarse al fracaso sin saberlo.

Los investigadores de Cornell, David Dunning, Justin Kruger y colegas hallaron que los estudiantes universitarios que obtuvieron el 25%

* IRMF imagen por resonancia magnética funcional

de calificaciones más bajo en un examen lo entregaron pensando que habían superado a la mayoría de sus compañeros. ¡Algunos fueron tan insensibles a su ineptitud que, pese a sus malos resultados, intentaron convencer a sus maestros de que sus respuestas eran correctas!

Las personas felizmente ignorantes de sus deficiencias no sólo no las conocen, sino que tampoco lo saben. Por desgracia para ellas, las partes del cerebro implicadas en la destreza para una tarea suelen ser las mismas que se encargan de la conciencia de esa destreza, así que cuando eres malo para algo, bien puede ser que no tengas la menor idea de que lo eres. Esto puede concebirse como: "el doble revés de la incompetencia". Si alguna vez has oído a un individuo sin gracia contar un chiste y preguntarse después en voz alta por qué nadie lo entendió, o tal vez has visto un *reality show* de búsqueda de talentos en el que un concursante eliminado asegura que los jueces cometieron un error ("¡Pero si mi interpretación fue perfecta! ¡No saben lo que dicen!"), entonces has presenciado ese doble revés en todo su esplendor.

Cuando no se tiene idea del motivo de que a uno le haya ido mal en algo, Dunning y colegas recomiendan solicitar una retroalimentación. Pide consejo a una persona en la que confíes, de preferencia alguien que te criticará constructiva pero honestamente. Podrías pedir a un experto o mentor una crítica franca de tus talentos y deficiencias. Aceptar tus fallas te será difícil, pero sería peor que sufrieras frentazos reiterados. Otra manera de afinar tu medidor cerebral de talento es contestar una autoevaluación, pedir a otra persona que haga lo mismo por ti y comparar ambos grupos de respuestas. Esto puede ser especialmente útil si tienes problemas para avanzar en el trabajo y no sabes por qué. Finalmente, intenta enseñar a alguien una habilidad en la que creas ser bueno. No poder explicar bien algo suele deberse a que no captas del todo la información implicada, a menos que tu punto débil sea creer que eres buen maestro cuando no es así.

Desarrollar tu conciencia de ti mismo te ayuda no sólo a deducir cómo reaccionarás a una situación dada, sino también a comprender mejor a quienes te rodean. Así, tener una firme conciencia de ti te cimentará en situaciones en las que muchas cosas escapan a tu control. En el capítulo siguiente, "Motivación", comprobarás que el cerebro de un triunfador está configurado para poner en marcha a su dueño y mantenerlo en movimiento para que cumpla con sus metas.

FACTOR DE TRIUNFO # 2

Motivación

Cultivar el impulso a ganar

MOTIVACIÓN

Sentirte sistemáticamente motivado te sostiene en el camino del éxito. Mantener la motivación para realizar aun las tareas más sencillas u ordinarias suele ser tan importante como tenerla para tus metas generales.

Aumenta tu capacidad intelectual: Concibe la motivación como el combustible que permite que siga en marcha tu acelerador de esfuerzos y la energía que ayuda a que tu láser de metas esté permanentemente dirigido a lo importante.

Marjorie DeSimone no creció precisamente con el viento a su favor. Vivió en una destartalada granja lechera en una comunidad rural pobre de Kentucky. Su abusivo padre la abandonó cuando ella tenía 8 años. Su madre estuvo deprimida y enferma mucho tiempo, y sucumbió finalmente al cáncer cuando ella tenía apenas 14.

Pese a que nadie en su familia había asistido a la universidad, y al escaso apoyo de sus orientadores escolares –que le dijeron que se olvidara de la universidad y buscara trabajo como secretaria–, ella se negó a conformarse. Trabajó con ahínco, priorizó sus estudios y se concentró en sus metas, aun después de muchos tropiezos salidas en falso. Cuando los orientadores dejaron de ayudarla, se sentó en la escalera trasera de su casa a teclear lentamente, en una vieja máquina de escribir, solicitudes de ingreso a varias universidades.

DeSimone se graduó con honores en Duke University, y luego concluyó la maestría en administración en Harvard University. Hoy dirige un equipo en una empresa consultora que presta servicios a numerosas compañías de la lista de Fortune 500. Guía a futuros líderes de negocios como le habría gustado que la guiaran a ella.

Aunque podría parecer que su juventud estuvo llena de castigos y con pocas recompensas, DeSimone tuvo la capacidad de motivarse y lograr grandes cosas. Obstáculos que habrían detenido a una persona menos resuelta retaban a su cerebro de triunfador o a luchar sin cesar. Ella vislumbraba las recompensas que le esperaban aun cuando estuvieran lejos todavía, y en realidad hasta sin garantía alguna de que las recibiría.

Podría alegarse que, sencillamente, DeSimone tuvo la suerte a su favor. Pero nosotros afirmamos que la suerte suele depender de la motivación del cerebro del triunfador, y de una mentalidad orientada hacia metas. En esencia, los triunfadores tienen la capacidad para forjar su buena suerte. Creemos que la motivación tiene mucho que ver con eliminar barreras (a veces autoimpuestas) para despejar el camino y "ver la luz al final del túnel". Desaprovecharás todo tu potencial si no eres capaz de traducir la intención en acción.

Prepara, arranca, avanza

Hay días en que te levantas inspirado. Terminas todo lo que emprendes, estás concentrado y progresas en tu lista de asuntos pendientes como un leñador talando árboles. En días así parecería que la motivación es como un rayo, pero la ciencia nos dice otra cosa. Un amplio análisis de investigaciones sobre la motivación indica que ésta fluye por el cerebro mediante un proceso de tres fases.

La primera fase es la *preparación*, o *planeación de la ruta*. En ella tu cerebro prepara el viaje a tu destino final, es decir a tus metas. La planeación de la ruta es principalmente dominio de la mitad frontal del cerebro, donde estructuras como la corteza orbitario-frontal, la amígdala y el cuerpo estriado se encargan de evaluar y reorganizar información: analizan todos los objetivos posibles para ver cuáles son los más beneficiosos, sopesan los posibles riesgos y calculan todos los resultados posibles hasta identificar la meta óptima, dadas las circunstancias.

Una vez que esas estructuras fijan una meta, tu cerebro pasa a la fase de arranque. La meta de destino ha entrado en tu sistema de posicionamiento global (*global positioning system*, GPS) neuronal, y ahora haces girar la llave, ajustas los espejos y das un poco de gasolina al motor. La dopamina, uno de los neurotransmisores del cerebro, desempeña un papel clave en la provisión de "empuje" a través de una importante vía neuronal, que une a estructuras como el área tegumental ventricular en el cerebro medio y el núcleo caudado en el cuerpo estriado ventricular. Motivadas por la expectativa de recompensas asociadas con un resultado exitoso, estas regiones se ponen en marcha junto con el sistema límbico, sumando los esfuerzos de la corteza prefrontal para que puedas pasar de la intención a la acción. Gracias a estudios de imagen por resonancia magnética funcional (IRMF) como el realizado en 2007 en Duke University por Kari Eddington y colegas, sabemos que esas áreas cerebrales se encienden como los edificios y fuentes de Las Vegas cuando alguien se siente muy motivado y orientado a la acción al perseguir una meta específica.

El *avance* es la tercera y última fase de la motivación. Mapa en mano y con gasolina en abundancia en el tanque, sales disparado. Claro que esto no significa que vayas a la deriva; avanzar es seguir una dirección muy específica, orientada a una meta. Este impulso se sostiene con la ayuda del cuerpo estriado ventricular, el sistema límbico y regiones de la corteza prefrontal, en particular la orbitario-frontal y la prefrontal media adyacente.

Cada vez que estableces una nueva meta, reinicias desde el principio el ciclo de la motivación. Esto puede ocurrir en segundos, o en un periodo largo o entre estos dos extremos. En tanto que cumples una meta, puedes ir y venir varias veces a la planeación de la ruta y al arranque antes de que haya gasolina suficiente en el motor para el viaje completo, pero debes recorrer toda la secuencia prepara-arranca-avanza para alcanzar tus objetivos. Esto se aplica a la totalidad de las metas, así se trate de aprender una lengua, elaborar un informe de trabajo o simplemente dirigirse a la puerta para dar un paseo matutino.

Mientras que el cerebro promedio tiende a estancarse en algún punto de la ruta, los triunfadores son muy buenos para recorrer una y otra vez el circuito de la motivación a fin de cumplir sus metas en forma sistemática. Del conjunto de investigaciones más recientes ya emerge el perfil del triunfador motivado. A veces es imposible saber si triunfadores como los que presentamos en este capítulo lo son de nacimiento, por aprendizaje o una combinación de ambas circunstancias, pero lo que sí sabemos es que prácticamente todos ellos son capaces de cultivar el hábito de la motivación.

Pinzas y trompetas

Quizá recuerdes el caso de Trisha Meili, que fue ampliamente comentado en los medios. A ella se le conoce como la "corredora de Central Park," a causa de lo que le pasó una horrible noche de abril de 1989. Mientras corría en el tramo superior de Central Park, fue brutalmente atacada, violada y dada por muerta. Con todas las de perder, se recuperó tras seis semanas en coma y desvarío, seguidas de años de intensa rehabilitación. Desde entonces ha logrado grandes cosas en la vida como oradora motivacional. Por eso nosotros la consideramos la personificación del triunfador motivado.

Cuando arribó al Metropolitan Hospital en coma, con una pérdida de sangre de 75%, un fuerte golpe en la cabeza y congelación severa, a los médicos les preocupó que esa joven no sobreviviera. Su caso llegó a los titulares de los diarios, no sólo en Nueva York, sino en el mundo entero, que contempló horrorizado la ferocidad de la agresión. Meili sobrevivió, pero tuvo que dedicar meses de terapia intensiva –varias horas al día, todos los días de la semana– a reaprender a caminar y a preservar habilidades básicas, como sostener un tenedor y escribir su nombre. Al salir del hospital acudió todavía durante varios años a un gimnasio privado de entrenamiento personal para recuperar su equilibrio, coordinación y aguante.

Meili nos relató un incidente ocurrido a principios de su recuperación, aún internada en el Gaylord Hospital de Wallingford, Connecticut. Quería volver a usar las manos. "Para recuperar mi destreza manual, hacía un ejercicio en una tabla utilizando un par de pequeñas pinzas para meter clavos en una serie de agujeros", recuerda. "Mi madre no podía creer que yo fuera tan paciente, pero yo sabía que eso era lo que debía hacer en ese momento. Comprendí que la única forma de tener un futuro mejor era trabajar en el presente."

Meili habría podido desanimarse, frustrarse, aburrirse o hasta enfurecerse fácilmente por tener que trabajar tanto para recuperar habilidades básicas que la mayoría damos por sentadas. Pero como casi todas las demás metas a largo plazo que vale la pena alcanzar, la rehabilitación es la suma de un sinnúmero de pequeñas victorias anónimas. Meili se concentró en lo que podía hacer en el aquí y el ahora. Sabía que si quería volver a usar sus manos, preocuparse por el pasado o el futuro no le serviría de nada. Debía poner su energía en estar en el presente. "Veía que mi realidad no era buena, pero me esforzaba todo lo posible por mejorarla", dice.

Muchos encuentran la motivación que necesitan para mantener activo su acelerador de esfuerzos. Piensa en el científico que hace mil experimentos para obtener el resultado que importa, en el pintor que dedica meses a un solo cuadro, en la madre que enseña a su hijo a escribir una por una todas las letras del abecedario. Cuando aplaudimos a quien acaba de recibir un premio, no pensamos mucho en lo que tuvo que hacer para llegar ahí. Aun si posee talento en bruto y todas las habilidades del mundo, es muy probable que haya tenido que dedicar incontables horas a ejercicios tediosos y repetitivos como el de las pinzas y los clavos de Meili.

De hecho, potenciarse mediante labores aburridas pero necesarias que le disgusta hacer es algo en lo que el cerebro de los triunfadores sobresale. Considérense los hallazgos de Debra Gusnard y colegas, de la School of Medicine de la Washington University. Estos investigadores escanearon el cerebro de más de dos docenas de personas que veían una combinación aleatoria tanto de imágenes emocionalmente estimulantes como de imagenes insustanciales, y después les pidieron contestar autoevaluaciones sobre su nivel de tenacidad para terminar una serie de tareas ordinarias. Las diferencias en niveles individuales de perseverancia se relacionaron con diferencias de actividad en las áreas asociadas con la fase de avance de la motivación. Ante las imágenes neutras, la actividad del cuerpo estriado ventricular y de las cortezas orbitario-frontal y prefrontal media fue más alta en los tenaces Meilis de ese grupo, que en quienes no obtuvieron buenos resultados en constancia. Los investigadores atribuyeron esto a la capacidad de los individuos perseverantes para mantener su concentración aun cuando no les emocionara mucho lo que veían.

El beneficio motivacional de formular tareas ordinarias en términos de los resultados positivos que producen puede atribuirse al efecto que aquél tiene en la actividad de la amígdala. Un estudio reciente del University College de Londres a cargo de Benedetto De Martino y colegas, por ejemplo, encontró que la actividad de la amígdala dependía de si una situación financiera dada se formulaba en términos de pérdidas o de ahorros, y también de si la reacción de los sujetos era correr un riesgo financiero o apostar a la segura. Esto muestra el papel crucial que pueden desempeñar las evaluaciones emocionales en la motivación de conductas; hallar el lado positivo de lo ordinario te permite maximizar tu vida diaria, y sentirte bien. Y minimiza asimismo la falta de constancia que suele malograr el éxito.

También es cierto que lo nuevo es mucho más estimulante que lo viejo. Así, en la medida en que encuentres la manera de sentirte inspirado por las tareas esenciales para llegar a tu meta, cumplirás tu objetivo. Esto es atribuible al área tegumental ventricular situada en el cerebro medio, rica en dopamina y responsable de regular la motivación y procesar las recompensas. El arranque de energía que experimentas cuando aprendes a usar un programa de computación o cuando pruebas una cocina desconocida se asocia con las señales que pasan por esa región cerebral a causa de nuestra preferencia por lo novedoso sobre lo conocido.

Sentir recompensas en las actividades diarias es importante, especialmente cuando las metas tardan en cumplirse, como en el caso de las aspiraciones académicas o profesionales. Camille McDonald, la brillante y dinámica presidenta de desarrollo de marcas de Bath & Body Works, resume atinadamente este concepto: "Noventa y nueve por ciento de la vida se nos va en llegar a la cumbre, y muy poco en sostener el premio entre las manos. Cuando día tras día abordamos con creatividad y optimismo aun los asuntos menudos, el trayecto se vuelve mucho más agradable", dice.

Saca partido de lo rutinario

Para engrasar la maquinaria neuronal de la motivación y continuar en tus tareas, sintoniza con la vocecita en tu cabeza que no cesa de recordarte cuestiones aparentemente insignificantes como pagar las cuentas, hacer ciertas llamadas telefónicas u organizar los archivos de tu computadora. Comienza por hacer una lista de las aburridas tareas cotidianas que se te han empezado a juntar, y piensa en una razón de peso para hacerlas: pagar a tiempo tus cuentas te ayuda a controlar tus finanzas; corresponder llamadas es una manera eficiente de formar redes y mantenerte en contacto con nuevas oportunidades, y organizar tus archivos te ahorra tiempo de búsqueda y reduce tu jornada de trabajo.

El punto de vista de McDonald tiene abundantes bases científicas. El psicólogo Mihály Csíkszentmihályi propuso llamar "flujo" al estado mental en que una persona se encuentra en tal inmersión en una habilidad conocida que puede permitirse soltarse y funcionar con piloto automático. La sensación de energía positiva que suele acompañar a ese estado puede ser muy satisfactoria en sí misma. Nosotros compartimos la opinión de que estados de motivación como éste aportan elementos fundamentales a la creatividad.

Ello quedó demostrado en el cerebro de jazzistas profesionales en un interesante estudio realizado en Bethesda, Maryland, conducido por Charles Limb y Allen Braun en 2008. Con base en escaneos de RMF obtenidos en periodos de improvisación y comparados después con los de ejecuciones memorizadas, el flujo musical experimentado por esos talentosos artistas se ligaba con la desconexión de regiones de la corteza prefrontal dorsolateral asociadas con el control cognitivo, así como con un mejor reclutamiento de regiones y áreas sensoriomotoras de la corteza

Halla la perla

Un método para buscar nuevas maneras de ver las cosas es mirarlas a través de los ojos de otra persona. Si eres experto en algo, enseña un proyecto tuyo a un profano y pídele sus impresiones. Hablando de nuevos ojos, pregunta a un niño qué ve. O bien, ubica en un nuevo escenario una tarea o situación repetitiva. Si siempre comes en tu escritorio, hazlo en el parque o junto a un hermoso cuadro en el vestíbulo. O mezcla cosas. ¿Alguna vez has cenado lo que acostumbras desayunar? Deberías hacerlo. Las crepas no saben igual a las nueve de la noche que a la seis de la mañana. Aun pequeños cambios en tus rutinas pueden infundirles nueva vida.

prefrontal media. Esa improvisación de libre flujo es algo que músicos menos calificados y talentosos no parecen capaces de lograr. Los autores de este estudio sugieren que las regiones que tales músicos desconectaban durante la improvisación se relacionan estrechamente con el control de ideas y conductas. Una vez que los jazzistas eran capaces de liberar su cerebro, su creatividad se desbordaba.

El estado de flujo puede adoptar muchas formas, como un bailarín de danza moderna que se mueve al son de la música, un matemático absorto en la resolución de una ecuación o una ejecutiva como McDonald que lleva a cabo a la perfección una campaña de mercadotecnia, o como cuando a ti se te ocurren soluciones ingeniosas a problemas comunes en el trabajo.

"Si no eres pintor, compositor ni músico, ¿puedes ser creativo? Yo no soy nada de eso, pero en algún momento me di cuenta de que soy sumamente creativa", asegura McDonald. "En mi ramo, cuento a la gente una historia que la hace feliz y le doy el producto que se la volverá a

Déjate llevar

Si te cuesta trabajo acceder al estado de flujo, aborda un problema o tarea desde el extremo opuesto: concéntrate en cada uno de los pasos que conducen a tu meta más que en el resultado. Si, por ejemplo, tu meta es escribir un libro, no pienses en él en las librerías. Haz una lista de todas las tareas que supone escribirlo. Podrías hablar con un amigo que ya escribió una obra para saber mejor cómo hacerla. Después bosqueja un esquema de tu libro, examina más tarde obras similares y así sucesivamente. Comienza por ejecutar de principio a fin cada tarea; por ejemplo, llama a tu amigo autor para recabar su parecer. Paradójicamente, la satisfacción de terminar algo que te impulsa a seguir adelante te llevará a un estado mental superior. Esto le permitirá a tu cerebro soltarse y divagar: fluir.

contar, al mismo tiempo que analizo cosas como que los aspectos financieros sean razonables. Coordinar todo esto es como dirigir una sinfonía."

Recompensas dentro y fuera

Como detallaremos en el factor de triunfo # 6, "Recuperación", la idea de que tus esfuerzos tienen sentido e influyen en el resultado se llama *locus interno de control*. Éste es un concepto clásico del cerebro del triunfador, y desde el punto de vista de la motivación es como tener un tanque lleno de combustible de primera para la secuencia prepara-arranca-avanza.

Las personas con un punto de vista interno tienden a valorar lo que los psicólogos llaman las recompensas *intrínsecas*, como la satisfacción personal, una salud mejor o relaciones más gratificantes, contrarias a las recompensas *externas* como el dinero y los bienes materiales. Esas personas optan a menudo por posponer sus gratificaciones a cambio de un beneficio mayor que el remedio rápido del aquí y ahora. En consecuencia, parecen mejor preparadas para apuntar a metas ambiciosas y productivas de largo plazo que sus similares con un punto de vista externo.

Cuando una antigua golfista estrella de la Ladies Professional Golf Association (LPGA) nos refirió lo que la motiva, no mencionó el dinero, aunque es obvio que ha ganado una fortuna gracias a sus considerables talentos. "Elijo mis oportunidades según lo que puedo aprender de ellas", explica. "Me gusta aprender, y cuando veo algo que me interesa, le reservo tiempo y atención."

Teresa M. Amabile, profesora de administración de empresas de Harvard, se ha dedicado a estudiar los efectos comparados de las recompensas intrínsecas y extrínsecas en la creatividad y la productividad. Sus numerosos estudios han revelado, no sin relativa ironía, que esa visión es cierta: concentrarse en el dinero, los trofeos y otros beneficios materiales suele ser fatal para el desempeño. El interés intrínseco en una tarea –la sensación de que algo vale por sí mismo– tiende a disminuir si se premia su ejecución; y si la recompensa se vuelve la principal razón para ejecutarla, la actividad resulta menos agradable. En una de sus investigaciones, por ejemplo, Amabile encontró que niños que: "celebraron un contrato para recibir una recompensa" antes de cierto proyecto artístico fueron sistemáticamente juzgados por sus maestros como autores de los trabajos menos creativos.

Al parecer, productividad y recompensa externa son inversamente proporcionales después de cierto umbral. Para comenzar, las recompensas extrínsecas tienden a alentar a la gente a concentrarse estrictamente en una tarea, terminarla lo más rápido posible y correr pocos riesgos. Los individuos se concentran entonces en el premio más que en el proceso creativo que conduce a la meta. Segundo, la gente suele sentirse controlada por la recompensa, de modo que tiende a experimentar menos empuje y orientación a rendir que si buscara el logro, o hasta un elogio de su jefe. Mientras menos autodeterminada se siente, más se apaga su impulso creativo. Por último, la atención en las recompensas extrínsecas puede erosionar el interés intrínseco. Quienes trabajan por dinero, aprobación o éxito competitivo consideran menos placenteras sus tareas, y por lo tanto batallan más para terminarlas.

Así, aunque podría parecer una buena idea tentar a un empleado con un bono mayor para que trabaje más o a un adolescente ofrecerle una mesada más alta para que saque mejores calificaciones, la mencionada investigación de Harvard pone en duda la extendida creencia de que eso es eficaz. Sin una motivación innata por razones abstractas como prestigio, satisfacción personal y logro, tenderás a hacer tus tareas de manera menos creativa y productiva. La clave es descubrir la recompensa en algún punto del camino.

Dicho esto, sin embargo, las recompensas extrínsecas pueden ser útiles *en ocasiones*. Todo se reduce a la forma en que se percibe una recompensa. Si el principal propósito de que trabajes es: "obtener algo", tu actividad deja de valer por sí misma. Pero cuando la motivación es escasa, las recompensas extrínsecas pueden servirte para pasar el trago amargo. Nadie sabe esto mejor que Kevin Volpp, de la University of Pennsylvania, quien se ha dedicado a explorar la idea de ofrecer recompensas a quienes intentan mejorar sus hábitos de salud.

En uno de sus estudios más recientes, publicado en febrero de 2009, Volpp examinó el ofrecimiento de incentivos financieros para dejar de fumar. Empleados de una importante compañía estadunidense de escala nacional recibían $100 dólares si participaban en un programa para dejar de fumar, y $200 si lo conseguían en los primeros seis meses. Si no volvían a fumar durante otros seis meses, recibían $400 dólares adicionales. Las personas aleatoriamente elegidas para obtener ese incentivo monetario registraron un índice de abstención prolongada tres veces superior al normal cuando el equipo de Volpp revisó su situación de nueve a doce meses después de su enrolamiento en el programa. Y al revisarla seis meses después de que dejaron de obtener ese dinero, descubrió que su índice de abstención prolongada era aún 2.6 veces superior al de quienes intentan dejar de fumar sin ningún estímulo monetario.

Intenta escalonar tus metas

La lección del estudio de Volpp es que cuando te cuesta trabajo seguir sintiéndote motivado por una meta a largo plazo, puede serte útil fijar varias metas materiales a corto plazo. Obtener un título universitario es una aspiración noble, pero no tiene nada de malo que te prometas unas vacaciones tropicales si sacas buenas calificaciones este semestre. Las recompensas materiales pueden ser eficaces peldaños de motivación si las mantienes en perspectiva y si tus metas a largo plazo realmente significan algo para ti.

¿A qué se debió esto? ¿La investigación de Harvard no predice el resultado contrario? En este caso parece existir otro factor en juego. A veces puedes necesitar un empujón para avanzar, como dinero o mercancías, pero a la larga es improbable que eso siga motivándote. Podrías dejar de fumar por los $100 dólares, pero a menos que te agraden los beneficios de toser menos, limpiar tus pulmones o reducir tu riesgo de cáncer, así como los ahorros consecuentes, es poco probable que dejes de fumar mucho tiempo.

"Uno de los problemas del tabaquismo es que dejarlo es siempre más difícil que no dejarlo. En el presente, por lo mismo, resulta más fácil seguir siendo fumador pese a los riesgos de salud a largo plazo, lo que contribuye a posponer el propósito de dejar de serlo", señala Volpp. "El programa de incentivos ayudó a la gente a vencer su inercia inicial y ofreció una retroalimentación tangible a corto plazo, la que demostró ser suficientemente motivadora." Volpp subraya que dado que el tabaco es muy adictivo, resulta difícil encontrar y mantener la decisión de dejarlo. Las recompensas monetarias parecen brindar la motivación indispensable para vencer los primeros retos.

Pero ahondando un poco en esto, se descubre que la compensación monetaria no puede ser el único aliciente para dejar de fumar. Un fumador ahorraría $1,500 dólares al año si dejara ese hábito, el doble de la cantidad máxima que habría podido ganar en el programa de Volpp. Este último sospecha entonces que quienes se ofrecieron a incorporarse a su programa tenían, para comenzar, una motivación intrínseca superior al promedio y percibían valor en el simple hecho de participar. Así, ganar dinero los motivó más que ahorrar. Volpp especula asimismo que una vez superado el aprieto inicial de dejar de fumar, recompensas intrínsecas adicionales entraron en juego, como respirar mejor, toser menos y evitar mal olor en la ropa.

La otra cara de la motivación

Los autores de este libro aplazamos una y otra vez la redacción de este capítulo sobre la motivación. Pero al parecer no somos los únicos postergadores. Según el experto en posposición de la University of Calgary Piers Steel, 95% de los académicos también lo son, y 50% en forma crónica. Aplazar tiene costos en tiempo, productividad, estrés y, sí, dinero: Steel cita una encuesta del Gail Kasper Consulting Group de Filadelfia que reveló que 40% de los estadunidenses que esperan hasta el último momento para presentar su declaración de impuestos tienen un costo para sí mismos de $400 dólares en promedio.

¿Por qué tendemos a posponer una tarea cuando obviamente sería mejor hacerla? En enero de 2009, Sean McCrea y un equipo de psicólogos se propusieron hallar la respuesta en estudiantes de la Universidad de Constanza, en Alemania. Tras repartirles cuestionarios, les pidieron devolverlos resueltos en tres semanas por correo electrónico. Todas las preguntas tenían que ver con la tarea simple de abrir una cuenta bancaria, aunque a algunos alumnos se les preguntaban conceptos abstractos como qué tipo de persona tiene una cuenta bancaria, mientras que a otros se les pedían detalles de cómo abrir una cuenta, como llenar formatos y realizar un depósito inicial. La idea era ver si el hecho de otorgar al primer grupo cierta: "distancia psicológica" de la tarea influía en el tiempo que tardaría en responder.

Sí influyó. Aunque todos los alumnos sabían que se les pagaría por devolver su cuestionario, quienes recibieron las preguntas abstractas tendieron a aplazar la entrega mucho más que los otros, al grado de que los investigadores siguen esperando a algunos. Los dirigidos a los aspectos tangibles de la tarea enviaron su cuestionario mucho más pronto, lo que indica que lo respondieron sin dilación. Así, si quieres dejar de aplazar tus tareas, concéntrate en sus aspectos concretos, no en los intangibles. Es difícil poner algo en acción si desconoces los detalles.

COLOR Y MOTIVACIÓN

Luces intermitentes rojas significan peligro. Los errores se marcan con rojo. Y todos sabemos muy bien qué significan los números rojos en un balance general. Un equipo de científicos encabezado por Andrew Elliot, de la University of Rochester, dice que la idea de que el rojo significa "malo" está tan arraigada en nosotros que incluso percibir un destello escarlata antes de presentar un examen o realizar una tarea importante puede afectar en gran medida el resultado.

En su estudio, de 2007, esos investigadores proyectaron brevemente el color rojo ante un colectivo justo antes de que realizara una serie de pruebas sustanciales de aptitud –de coeficiente intelectual, o exámenes importantes, por ejemplo–, y descubrieron que aun la más sutil exposición a ese color inducía un desempeño notoriamente inferior. El estudio de electroencefalografía (EEG) integrado a esa investigación reflejó mayor activación relativa de la corteza frontal derecha cuando un sujeto era expuesto al rojo que a otros colores. Esta actividad cerebral se vincula con la motivación a prevenir

Maestría en tareas

Si descubres que aplazas una tarea, intenta concebirla en términos concretos, para convencerte de terminarla pronto. Como mencionamos en "Déjate llevar", divide el proyecto en partes reducidas y manejables, y ve concluyendo una por una. Ya sea que organices tu casa cajón por cajón, elabores párrafo por párrafo un informe extenso o mandes un correo electrónico para empezar a poner remedio en una relación, actúa y reduce el tamaño de la tarea para que de inmediato luzca más manejable. Comienza por algo menor; una serie de peldaños pequeños da como resultado una escalera completa.

algo, es decir, a evitar el fracaso más que a alcanzar el éxito, no precisamente la actitud más productiva cuando se trata de sobresalir en una prueba.

¿La moraleja de esta historia? Cuando tengas algo importante que hacer, evita el rojo a toda costa.

Trisha Meili te demostró que puedes seguir motivado si te concentras en lo que es posible hacer en el aquí y el ahora. Los triunfadores saben que la suerte no tiene nada que ver con el éxito; tú forjas tu propia "suerte" valorando tanto el proceso como el resultado de tus tareas. Esto es crucial para que mantengas tu impulso aun en deberes menores y aburridos pero que contribuyen a tus grandes metas. Aunque quizá no era obvio antes de que leyeras este capítulo, ahora sabes que la motivación es la clave de la creatividad, porque te ayuda a seguir concentrado según lo necesites. De hecho, la arquitectura neuronal que subyace en la base de esos cambios de concentración, tema del siguiente capítulo, embona perfectamente con los circuitos cerebrales de la motivación.

FACTOR DE TRIUNFO # 3

Concentración

Fijarse en lo importante

CONCENTRACIÓN

En este capítulo aprenderás a mantener la flexibilidad a fin de usar el tipo de concentración que necesitas para cada situación. Los triunfadores poseen gran capacidad para concentrarse en los detalles más importantes. E incorporando detalles a tu concentración amplia, tu cerebro será más innovador, flexible y creativo.

Aumenta tu capacidad intelectual: Tu láser de metas y acelerador de esfuerzos dependen de la concentración para mantenerse atentos a tus objetivos y crear la sinergia indispensable para seguir adelante. Una firme habilidad para concentrarte significa también mirar cuando en la pantalla de tu radar de oportunidades aparece la señal luminosa correcta.

En vista de que ella cerraría la actuación del conjunto estadunidense en las finales de salto de las Olimpiadas de Atlanta de 1996, Kerri Strug, de 17 años, era la última esperanza de su equipo de gimnasia femenil para obtener para su país la medalla de oro por primera vez en la historia.

El primer intento de Strug terminó en desastre: no cayó sobre ambos pies, se le doblaron las piernas y tuvo que dar un paso atrás para no venirse abajo, lo que le produjo un severo esguince en el tobillo izquierdo y le desgarró dos ligamentos.

Estaba en dificultades, y evidentemente adolorida. Pero si no se lucía en el segundo salto, sus sueños, lo mismo que las esperanzas de su equipo, se desvanecerían. El mundo observaba, esperando a ver qué haría.

Strug optó por ejecutar su último salto. Las cámaras de televisión registraron su mueca de dolor al saltar sobre una pierna para adoptar la posición inicial. Un close-up extremo reveló honda concentración mientras ella hacía una pausa en preparación de su carrera. La multitud guardó silencio cuando sus manos tocaron la parte superior del caballo.

El salto fue prácticamente impecable. Strug consiguió un descenso perfecto y alzó los brazos en saludo a los jueces antes de levantar sobre el tapete su pierna lastimada. Cuando, traspasada de dolor, cayó de rodillas, la muchedumbre soltó un rugido. El equipo de gimnasia femenil de Estados Unidos había obtenido la medalla de oro. Kerri Strug relajó su rostro sólo un poco.

¿Qué es la concentración?

En uno de los momentos más memorables de la historia olímpica, Strug dio un excelente ejemplo del rasgo del cerebro del triunfador que conocemos como concentración. William James, psicólogo y filósofo de Harvard del siglo XIX, definió la concentración como: "la fina posesión por la mente, en forma vívida y clara, de uno entre, al parecer, varios objetos o hilos de ideas posibles y simultáneos. [...] El enfocamiento o condensación de la conciencia es su esencia. Supone distancia de algunas cosas para tratar eficazmente otras." La concentración implica atención y abstracción. Así, una forma más sencilla de definirla es asociarla a la energía mental requerida para recopilar los detalles relevantes y deshacerse de distracciones innecesarias.

"Siempre he sido una persona de gran concentración", dice Strug, ahora de 29 años de edad y asesora especial de asuntos infantiles del Departamento de Justicia. "Ni siquiera de niña era desidiosa." Oír una afirmación así de alguien tan obviamente concentrado como ella tiende a confirmar la creencia general de que la concentración es algo que sencillamente se tiene o no. Pero no es cierto. Tus facultades de concentración pueden mejorar de modo drástico con la práctica y el ejercicio. Por innata que haya sido su concentración, años de entrenamiento deportivo ayudaron a Strug a perfeccionar ese don.

El cerebro de los triunfadores es flexible; tiene una capacidad enorme para ajustar su nivel de concentración a una extensa variedad de circunstancias. Empleando diversas estrategias, puede refinar la maquinaria neuronal de la concentración para disponer de una ventaja distintiva. Y por increíble que parezca, fomentar las facultades de atención y abstracción puede cambiar la composición física del cerebro, lo que suele traducirse directamente en mayor concentración.

Bips y parpadeos

El salto de Strug, que en su momento fue visto por millones de personas en todo el mundo, es ahora un episodio clásico en YouTube. Al contemplar el video, y pese al tiempo transcurrido, aún se siente emoción cuando Strug echa a correr en la pista. ¿Logrará un buen descenso? ¿Ganará Estados Unidos el oro?

"Siempre me preguntan qué pensé en los segundos anteriores a mi segundo salto", cuenta Strug. "La gente quiere saber cómo controlé mi dolor y fui capaz de responder."

Su explicación es sencilla: "No hay mucho tiempo entre un salto y otro, así que lo único que pensé fue: 'Caíste mal y te lastimaste el tobillo; pero, pase lo que pase, vas a hacerlo bien.' Había entrenado tanto que sólo me concentré en la tarea por hacer. No oía a la gente ni pensaba en mi tobillo ni me monté en mi éxito o fracaso; únicamente me concentré en mi desempeño. Me dije: 'Bueno, ¡ahí vamos!'. Y eso fue todo. En ese momento estaba en piloto automático."

Los grandes atletas no son los únicos en experimentar situaciones en las que todo se decide en un solo lance. Todos hemos presentado un examen, hecho una exposición oral o realizado una ejecución de algo que percibimos como decisivos. En esto entran en juego diversos rasgos del cerebro del triunfador, pero lo que nos permite salir adelante es la capacidad de abstraernos y mantener una *concentración estricta*.

Si alguna vez has visto carreras de caballos, quizá hayas notado que a algunos se les pone una pieza de cuero en la cabeza llamada anteojeras, son una especie de portavasos de cuero junto a los ojos con el propósito de restringir la visión periférica. Pues bien, un estado de concentración estricta es la versión mental de las anteojeras. Éste es el tipo de abstracción que necesitas al efectuar una tarea que requiere de toda tu atención. Cuando relata el momento estelar de su carrera deportiva, Strug no recuerda factores externos como el ruido de los espectadores o el dolor punzante en su tobillo. Se sintonizó con lo que tenía que hacer.

La mayoría de nosotros reservamos la habilidad de la concentración estricta a situaciones prácticas, de rutina, como preparar una declaración de impuestos o coser un botón, tareas que demandan la capacidad de dejar fuera toda información innecesaria e indeseable para abstraerse en una cosa. Evidentemente, divagar y distraernos en esas situaciones nos induce a cometer errores. Deja tu mente a la deriva mientras ensartas una aguja y recibirás un agudo recordatorio de por qué es importante prestar atención.

Botones e impuestos son lo de menos. El individuo promedio se las ve con un asombroso número de distracciones. Un sondeo determinó que el empleado de oficina promedio cambia de tarea cada tres minutos, y que una vez interrumpida una, tarda casi media hora en regresar a ella. En medio del correo electrónico, la mensajería instantánea, los teléfonos celulares, Twitter, BlackBerries, iPhones, la televisión y la señalización digital, la atención es víctima de la era de alta tecnología que vivimos. Las distracciones son tan comunes que han generado un nuevo campo de estudio, la ciencia de la interrupción. Contribuyeron también a que se acuñara la palabra "unitarea", en referencia al lujo de poder conceder toda tu atención a una sola cosa.

Una indagación reciente sobre la distracción conocida como "olvido" cerebral o, en términos más técnicos, *falta de atención*, fue llevada a cabo por un equipo de investigadores dirigidos por Daniel Weissman, neurocientífico cognitivo de la University of Michigan. Weissman y sus colegas querían saber qué pasa a nivel neuronal durante un "olvido" cerebral, así que pidieron a un grupo de voluntarios identificar dos símbolos en una serie proyectada aleatoriamente en una pantalla, y apretar un botón cada vez que apareciera uno de ellos. Mientras los participantes buscaban esos símbolos y apretaban botones, el equipo de Weissman escaneaba su cerebro y medía cambios localizados en nivel de oxígeno en la sangre posteriores a cambios en la actividad cerebral. A los sujetos se les dio todo el tiempo necesario para responder a cada exhibición.

Los investigadores señalaron que el periodo de reacción variaba sustancialmente tanto entre sujetos como en ellos mismos de una prueba a otra. Periodos de reacción cortos significaban que la persona estaba concentrada y embebida en la tarea —es decir, que prestaba atención–, mientras que periodos largos indicaban que se había distraído brevemente.

Mientras los investigadores monitoreaban las diversas imágenes y áreas cerebrales que se iluminaban, detectaron diferencias interesantes en la actividad cerebral dependiendo del periodo de reacción. Periodos de reacción largos se asociaban con menos actividad en las cortezas cingulada anterior y prefrontal, estructuras que, se cree, ayudan a controlar la concentración. Curiosamente, esta menor actividad en dichas regiones sucedía antes de que apareciera el símbolo buscado, lo cual es congruente con la posibilidad de que la persona experimentara una falta de atención momentos antes de ocurrido el instante crítico de la prueba. También en las áreas de procesamiento visual del fondo del cerebro disminuía la actividad, como si a las regiones distraídas del lóbulo frontal no les hubieran avisado que era hora de entrar en acción.

Otro error frecuente de procesamiento relacionado con la concentración fue reportado en 1992 por Jane Raymond (hoy en Bangor University, Gales) y sus colegas de la University of Calgary, Canadá. Mientras se ocupaban de un tema completamente distinto, idearon un estudio que implicó proyectar una ráfaga de letras en una pantalla y pedir a voluntarios identificar dos objetivos predeterminados. Cuando examinaron los resultados, notaron que si el segundo objetivo aparecía menos de medio segundo después del primero, los voluntarios no lo veían. Raymond comprendió de inmediato que había dado con algo importante. Lo llamó "ceguera mental" temporal, producto del hecho de que no somos buenos para captar dos cosas al mismo tiempo, lo cual constituye un *parpadeo de la atención*.

Dice Raymond: "Se me ocurrió usar el término 'parpadeo de la atención' porque en ese entonces también estudiábamos los movimientos oculares durante la percepción visual, y advertí que la gente suele parpadear justo cuando termina una etapa de una prueba. Así, me dio la impresión de que, al terminar un episodio de atención, el sistema de atención hace lo mismo que los ojos: ¡parpadear!". En estudios subsecuentes, los investigadores han descubierto que el parpadeo de la atención también se presenta ante imágenes de rostros, objetos y anuncios de televisión recargados de imágenes (mala noticia para los anunciantes que hacen uso de imágenes rápidas para destacar sus productos).

Pero eso no es todo. El investigador de la University of Delaware Steven Most ha identificado un fenómeno al que llama *fisgoneo de atención*, similar al que se experimenta al avanzar en una avenida sin poder quitar los ojos de un accidente; la concentración se pone en el siniestro, no en la calle, y entonces ¡zas!, también uno choca. Luego está la *ceguera por falta de atención*, expresión acuñada por los psicólogos Arien Mack e Irvin Rock en referencia a la incapacidad para ver algo si no se presta atención, aun si se halla frente a las narices. Esta vez se choca porque, ocupado en observar el tránsito en la dirección contraria, uno no ve al venado justo en medio de la carretera.

Todos estos bips, "olvidos" y parpadeos de la concentración son manifestaciones del mismo problema: pese a tener a nuestra disposición más de cien mil millones de neuronas que actúan como superprocesadores neurales de alta velocidad, los recursos de nuestra atención no dan para mucho. Cuando los destinamos a procesar algo en el entorno, no podemos dirigirlos a otra cosa. Nuestra mente debe detenerse en ese instante y, por así decirlo, recuperar el aliento para poder procesar el dato siguiente.

Para aniquilar las distracciones

El estudio de Weissman revela algunas claves para reducir la carga sobre la atención en situaciones prácticas. Los índices de error de sus sujetos fueron muy similares, así trabajaran rápido o despacio. Cuando los sujetos tardaban en responder, los investigadores se dieron cuenta de que compensaban la demora de su actividad cerebral antes de la tarea con mayor actividad una vez que se sumergían en el problema y hacían todo lo posible por resolverlo. En otras palabras, el "olvido" cerebral anterior a la tarea se neutralizaba con una dosis extra de atención cuando la persona realmente se embebía en la búsqueda del símbolo en la pantalla. Sí, una distracción momentánea tiene un costo en tiempo, pero este tiempo extra ayudaba a los sujetos a no cometer errores.

Logra que, tras distraerse, tu cerebro vuelva a su tarea con la sencilla, pero efectiva estrategia del cerebro del triunfador que nosotros llamamos reinversión de concentración. Si algo te exige mucha atención, haz alto y dirige deliberadamente tu conciencia a los detalles cruciales.

Cinco pasos fáciles para reinvertir tu concentración

1. Admite que te distrajiste.

2. Recuérdate la tarea original y por qué es importante.

3. De ser posible, elimina los factores que desviaron tu atención: apaga el teléfono celular, cierra el correo electrónico, termínate tu sándwich, pon fin a una conversación.

4. Elige un punto de partida, da pie a tu interés con una palabra como "¡Anda!" y vuelve a la tarea, percibiendo los abundantes detalles de lo que haces. Si lees algo, palomea al calce cada página cuando la termines o escribe cada tantas páginas una palabra al margen.

5. Presta atención a los pequeños detalles que quizá ordinariamente no notas, para brindarte una nueva perspectiva sobre la tarea.

Repara en minucias como ruidos, texturas y colores que ordinariamente pasarías por alto. Por ejemplo, justo antes de pronunciar un discurso, fíjate conscientemente en la tela de la silla donde estás sentado, o en el tono de voz del orador que te precede. Esto te ayudará a mejorar tu concentración y a reducir el miedo, nerviosismo o cualquier otra interferencia mental.

Triunfadores como Tommy Frank, de origen africano, adquieren naturalmente esta técnica de reinversión de concentración. Como lavavidrios en Nueva York durante más de veinte años, trabajando con frecuencia a docenas de pisos sobre la calle, es indudable que Frank tiene mucho qué perder si tiene una concentración deficiente. "Por ningún motivo puedo permitirme pensar en otra cosa mientras trabajo", advierte. "Me concentro en mi seguridad; reviso el cinturón, las cuerdas y todo lo demás cada vez que me los pongo o me los quito; confirmo tener bien sujetas todas mis herramientas, para no dejar caer ninguna sobre un peatón; dirijo por completo mi atención a la ventana que estoy limpiando, a todas sus bisagras y tornillos, para no abrirla en forma incorrecta ni permitir que el vidrio se desprenda."

El concepto de reinversión de concentración para reducir la divagación ilustra otro hallazgo importante del estudio de Weissman. Aparte de aumentar su actividad cerebral tras una distracción previa a la tarea, los sujetos de esa investigación solían intensificarla además, luego de un largo periodo de reacción, para seguir concentrados y responder más rápido en tareas subsecuentes. Era como si literalmente "aprendieran su lección" después de una falta de atención y alteraran la manera de trabajar de su cerebro. No siempre podían hacerlo, pero cuando lo hacían sus periodos de respuesta se acortaban aún más sin sacrificar la precisión. Esto indica que, luego de un tropiezo mental, puedes reorientarte y recuperar el rumbo.

Otra estrategia del cerebro del triunfador para lidiar con las distracciones es minimizarlas o evitarlas en primer término. En un estudio muy interesante, Heleen Slagter y colegas, de la University of Wisconsin-Madison, aplicaron a un grupo de 17 voluntarios una prueba clásica de parpadeo de la atención, y más tarde les pidieron estudiar una técnica de yoga para realizar meditación que enfatizaba la reducción de la distracción y el aumento de la conciencia. Habiendo transcurrido tres meses de estudio, los sujetos presentaron la prueba otra vez. Por increíble que parezca, su capacidad para evitar el parpadeo de la atención y ver el segundo símbolo mejoró en forma significativa, sin demérito de la de ver el primer símbolo.

Esto hizo notar a los investigadores que aprender a meditar vuelve más eficiente al cerebro en la distribución de sus recursos neuronales. Así, los voluntarios dedicaban menos recursos a la primera tarea, y tenían suficientes para ocuparse de otro objetivo poco después. Escasa actividad cerebral asociada con la percepción del primer símbolo predecía firmemente, en efecto, la capacidad de detectar de manera atinada el segundo.

Juega para bien

Los videojuegos pueden parecer la antítesis total de la medita-ción, pero tienen un impacto positivo en la concentración. Una investigación realizada en la University of Rochester por Shawn Green y Daphne Bavelier reveló grandes mejoras en el control de la atención justo después de diez horas de videojuegos. (¡Los padres de un adolescente obsesionado con el Grand Theft Auto quizá no necesitarían un estudio para convencerse de esto!). Pero aunque proponemos unas horas en el Wii como medio novedoso para enriquecer tus capacidades de concentración, cabe esta ad-vertencia: hay una línea muy fina entre una estrategia del cerebro del triunfador y abusar de algo por bueno que sea.

Los sujetos no meditaban durante la prueba, lo que implica que educar su atención había rendido frutos, con beneficios duraderos y relevantes para el control de su concentración.

La práctica de meditación de los sujetos del estudio de Slagter era muy rigurosa –de hasta doce horas diarias–, pero muchas otras inves-tigaciones demuestran que aun un poco puede servir de mucho, como la efectuada en 2007 en la University of Pennsylvania por Amishi Jha y colegas, quienes descubrieron que practicar aun pequeñas dosis diarias de meditación puede mejorar la concentración. Otro estudio de ese mismo año, de la investigadora china Yi-Yuan Tang y colegas, mostró efectos positivos en el control de la atención tras sólo cinco días de prácticas de meditación, de apenas veinte minutos cada una. En ambos casos, los sujetos eran estudiantes informales de meditación. Es de suponer, desde luego, que entre más tiempo y esfuerzo se invierte, más beneficios se obtienen. (Nota: Nos ocuparemos a fondo de la meditación en los capítulos sobre "Cuidados" y "Adaptabilidad".)

111

Practica, practica, y sigue practicando

Como quizá ya sospeches, en el extremo del espectro de la concentración contrario a la estricta está la *concentración amplia*, la cual empleamos para inspeccionar, manejar e integrar múltiples factores de nuestras circunstancias externas o ideas internas. Antes que prodigar todos los recursos de tu atención a un pequeño detalle, la concentración amplia supone extenderlos sobre un lienzo más grande. Ésta es la concentración por la que opta el cerebro de un director de orquesta cuando conduce una pieza y debe leer la partitura, dar la entrada a cada sección y escuchar la sonoridad de toda la orquesta al tiempo que integra las notas de cada instrumento.

Ésta es también la concentración que Geoff Billingsley necesitaba como comandante de la fuerza aérea estadunidense. Cuando se le pidió relatar su experiencia más memorable como piloto, Billingsley, quien instruyó durante más de ocho años a pilotos de aviones de combate y bombarderos B-2, nos contó con toda serenidad una historia que ilustra a la perfección el modo en que el cerebro del triunfador utiliza la concentración amplia:

Volaba un avión de entrenamiento T-37 con un estudiante. Habíamos subido a veinte mil pies y pusimos a propósito el avión en picada, para practicar cómo salir de ella. Éste era uno de los aspectos que yo enseñaba normalmente a los alumnos, para que no tropezaran con él por vez primera en lo más álgido de la batalla. El avión se había ahogado y seguíamos una velocidad de vuelo totalmente anómala. Mientras la nave caía en espiral, yo sabía que nos precipitábamos a tierra, a razón —calculé— de tres mil pies por minuto. Esperé unas cuantas vueltas para ver si mi alumno iniciaba procedimientos de recuperación, y cuando comprobé que no lo hacía, me volví tranquilamente hacia él y le dije:

—Marcha en vacío. Neutral. A popa. Girar a la derecha aguja derecha. Timón izquierdo entero. Una vuelta completa a la palanca, avance abrupto hacia proa y sostener, después palanca en neutral y recuperación de caída en picada.

Ésta es la secuencia del procedimiento de recuperación en picada, y es una de las cosas que un piloto debe saber al pie de la letra. En la fuerza área, esto es lo que llamamos una orden enfática, y todo piloto experimentado podría recitarla dormido. Mi alumno no tenía la gran reserva de experiencia de vuelo de la que un piloto avezado puede valerse, pero había recibido instrucción suficiente para recitar de memoria y ejecutar la lista del procedimiento de recuperación en picada.

Dio bien los tres primeros pasos: mover abruptamente la palanca para delante y sostener hasta que la punta cayera y la nave estuviese en posición perpendicular a tierra. El jet es lanzado de punta y en una posición en la que se puede tomar suficiente aire para la recuperación de la caída en picada.

Pero de pronto el estudiante se paralizó.

Cuando empezamos a cabecear en vertical, sus manos se aferraron a la palanca y apretó los codos contra los costados con todas sus fuerzas. Es esencial terminar pronto la secuencia de recuperación para que el avión no permanezca mucho tiempo en posición perpendicular a tierra; de lo contrario, entra en picada invertida, en la que sigue girando pero con la cola por delante. Pensándolo bien, no es para nada una situación ideal.

—Suelte la palanca —ordené con firmeza.

Nada.

—Bueno, yo tengo la nave —le dije, extendiendo las manos para tomar los mandos.

Nada. Ninguna reacción todavía.

En ese momento, el tiempo empezó a avanzar más despacio, y recuerdo haber pensado: "¿Me estará oyendo? ¿Es incomprensible lo que digo? ¿O es que él cree que puede hacer esto y no quiere cederme el control del avión?". En ese instante, consideré todas mis opciones. ¿Podía decir la secuencia de otra manera? ¿Usar otras palabras? ¿O emplear mano dura y arrebatar los controles? Esto podía hacer creer a mi alumno que algo pasaba con el avión, y de ser así, ¿cómo reaccionaría? Al final, terminé dándole un golpe de karate en los codos. Esto bastó para romper el hechizo, y su aferramiento. Tomé el control del jet y nos recuperamos de la caída en picada.

¿No sospechas de inmediato que aquí se halla en acción el cerebro de un triunfador? La capacidad de Billingsley para mantener la calma y conservar una concentración amplia en una situación de vida o muerte es realmente extraordinaria. Él fue capaz de tener la decisión necesaria discerniendo todos los posibles elementos perturbadores, como la nave y su posición y altitud en pronto cambio, la conducta del estudiante, sus propias acciones y varias opciones posibles. E hizo todo eso en no más de unos segundos.

Esto demuestra claramente que la distracción no es sólo un problema en potencia durante la concentración estricta; también puede arruinar tu capacidad para hacer un uso hábil de la concentración amplia. Billingsley podría haber quedado fácilmente atrapado en los detalles irrelevantes. Podría haberse distraído con la sensación de que el avión caía en picada, o por una corriente de aire en la cabina de mando, o por el zumbido de los instrumentos en el tablero de control. Pero ninguno de estos factores le habría permitido corregir las fallas y abrirse paso hasta la seguridad, en especial en los escasos y preciosos segundos de que disponía para decidir el mejor curso de acción.

Como en el caso del uso que hizo Kerri Strug de la concentración estricta para dar su salto, Billingsley no podría haber consumado su hazaña de concentración amplia y serena si los aspectos técnicos del procedimiento de recuperación de la caída en picada no hubieran estado tatuados en su memoria. La cabina de un avión militar está repleta de inmensos tableros de control con más de 150 discos, interruptores, palancas y botones. Los pilotos pasan en preparación de dos a tres años en promedio, periodo en el que dedican cientos de horas a memorizar cada

Control de velocidad a nuevas alturas

Entre más tareas puedes automatizar y más información eres capaz de dirigir a tu memoria implícita, más ligera es la carga sobre tus sistemas de atención y más control tienes sobre tus facultades de concentración y abstracción. De hecho, esto nos conduce a una estrategia esencial del cerebro del triunfador, para pulir tus habilidades de concentración: practica, practica, y sigue practicando, hasta que puedas operar con piloto automático.

característica y control de una aeronave. Practican interminablemente cada escenario probable –e improbable–, así que una vez terminado su entrenamiento han aprendido a volar con el cerebro literalmente puesto en piloto automático.

El control para ir y venir de la concentración amplia y de la estricta es mucho mayor cuando una tarea se practica al punto de volverse automática, porque cuando no se gasta energía pensando en cada uno de los meticulosos pasos implicados, es más fácil liberar recursos neuronales. Tareas y procesos mentales muy automatizados reducen la carga sobre la atención y la concentración, consiguiendo por lo general que el cerebro dependa de la memoria implícita, la cual lo es en el sentido de que no tenemos que volver sobre nuestros pasos de experiencia previa de una tarea para llevarla a cabo.

Cada vez que te amarras las agujetas, no te dices: "Ahora toma una agujeta en cada mano, haz una equis, pasa la agujeta de arriba por la de abajo de la equis, tensa las dos, haz un círculo con cada agujeta para formar unas orejas de conejo…" etcétera (aunque es probable que cuando aprendiste a hacerlo sí hayas procedido de esa manera). En este momento simplemente te amarras las agujetas sin pensar, a menudo mientras haces otra cosa, como hablar por teléfono o ver televisión.

Repetir al punto de piloto automático es como vaciar un estante extra en tu cerebro: recojes datos recurrentes y los guardas en tu memoria implícita, lo cual deja espacio libre para que te concentres en los aspectos importantes que aún requieren pensamiento y control conscientes.

Los pilotos usan muchas técnicas para remitir a su memoria implícita datos complejos. Aparte del tiempo de vuelo que acumulan, tanto en simuladores como en aviones de verdad, memorizan cientos de listas de control, secuencias estándar y recursos nemotécnicos. Y Kerri Strug afirma que si realizaba diez saltos en un entrenamiento y caía en el décimo de ellos, no se retiraba ni se permitía terminar con una mala rutina, de modo que el drama olímpico no fue distinto del trabajo diario, salvo que esta vez lo vio todo el mundo. En otras palabras, ella había ensayado sus habilidades atléticas y sus reacciones emocionales en todo tipo de situaciones.

Es obvio, desde luego, que la práctica mejora nuestras habilidades, pero gran parte de esta mejoría se reduce a que la atención es un recurso finito; si tu cerebro se ocupa en tratar de recordar a ciegas cómo hacer algo, entonces destina demasiados recursos a los aspectos memorizados de la labor. Este fenómeno se experimenta al aprender una lengua, cuando uno tarda mucho en construir una oración por tratar de cumplir las reglas gramaticales, o al aprender a jugar ajedrez, cuando a uno le abruma intentar acordarse de los nombres de las piezas y sus movimientos, lo que le impide concentrarse en el juego.

Divide en partes

Por cierto, es probable que no sea buena idea probar el salto de vuelta y media de Yurchenko o una recuperación de la caída en picada en tu primer día en la cabina. Cuando tienes que aprender algo muy complejo o que te exige demasiada concentración, usa *andamios*, técnica consistente en practicar en forma escalonada cada parte de una habilidad, antes de unirlas todas.

Visualización simple

Vuélvela vívida: Usa todos tus sentidos para hacer real la experiencia.

Elige una perspectiva: Cuando visualizas, ¿ves a través de tus propios ojos o te ves en un escenario? Algunas investigaciones indican que emplear la perspectiva del público es más provechoso.

Visualiza en tiempo real: Éste es el ritmo que utilizarás en la realidad.

Maximiza el control: Tú controlas todo lo que ocurre en la visualización: éxitos, retornos, reacciones de otras personas, etcétera. Usa este control para ir donde la realidad pueda o no llegar.

Los pilotos en entrenamiento, por ejemplo, pasan mucho tiempo en el "vuelo de entrenamiento" antes de poner a prueba una aptitud en una nave de verdad. Conforme a este tipo de vuelo, toman una silla giratoria, colocan un destapacaños en el piso en medio de sus rodillas, se ponen un casco y una máscara de oxígeno y siguen en su mente todos los aspectos de un vuelo. Billingsley asegura que en el vuelo de salón no se omitía ningún detalle, por insignificante que fuera, como, en su caso, el lugar donde dejaba su mochila al llegar al avión. "Yo podía empezar en la mañana y pasar el día entero en vuelo de entrenamiento fijo, sólo pensando y practicando. Volaba así una secuencia de modo repetido, y luego, claro, cuando estaba en el simulador o en el jet, ese entrenamiento me servía desde que daba el primer paso", dice.

Muchos deportes y profesiones tienen su propia versión del vuelo de entrenamiento fijo para ayudar a sus practicantes a visualizar sus habilidades. Los golfistas cierran los ojos para imaginar un *swing*, y los buenos vendedores pasan mucho tiempo afinando sus argumentos. Como

117

cabía esperar, este entrenamiento y visualización hace que se enciendan las áreas del cerebro responsables de simular una tarea, pero también las áreas responsables de ejecutarla, lo que sugiere que eso te ayuda a desempeñarte mejor en tiempo real. Todo indica, así, que pensar puede ser casi tan bueno como hacer.

Usa tu *zoom*

El cerebro de un triunfador también es especialmente apto para alternar sin esfuerzo entre la concentración estricta y la amplia en el momento adecuado. En 1986, dos investigadores de la University of Illinois en Urbana-Champaign, Charles Eriksen y James St. James, asociaron por primera vez esa capacidad con el *zoom* de una cámara, el cual permite, con movimientos de discos y ajustes de unas cuantas medidas, acercarse a una parte específica del cuadro o alejarse para captar la escena completa. Sus estudios estuvieron entre los primeros en describir esto como un proceso dinámico.

Estudios recientes con imagen por resonancia magnética funcional (IRMF), como el dirigido por Joseph Orr en la University of Michigan, demuestran que áreas especializadas de la corteza cingulada anterior (CCA), estructura alargada que se ubica en la región central del lóbulo frontal, se encienden cuando debes ajustar tu concentración. La CCA es sensible a información nueva que podría estar en conflicto con una tarea o secuencia de ideas en marcha. Esa corteza desempeña un papel crítico en la detección de posibles distracciones y en la emisión de señales a otras partes del cerebro, principalmente en las regiones laterales externas de los lóbulos frontal y parietal, para intensificar la atención dirigida a lo más relevante de lo que queremos hacer.

Al parecer, los triunfadores son capaces de entrenar su cerebro para que su CCA trabaje en común con esa red de atención frontal-parietal a fin de asegurar el tipo correcto de concentración en el momento preciso, y evitar un posible dilema de: "los árboles no permiten ver el bosque" o: "el bosque no permite ver los árboles". Si, para resol-

El ABC de la priorización

Existen muchos sistemas para cultivar la estrategia del cerebro del triunfador de fijar prioridades. El método que describimos aquí, empleado por los adeptos al sistema organizacional Franklin Planner, es tan fácil como el abecedario.

- Comienza por elaborar una lista de todo lo que tienes que hacer; enlista cada tarea conforme se te ocurra, sin preocuparte por el orden.

- Asigna a cada tarea una A, B o C: A a las tareas de alta prioridad, por terminarse en menos de un día; B a las que deben concluirse en menos de una semana, y C a las que deben terminarse en un mes.

- Subdivide cada categoría calificándola en orden numérico; tu tarea número uno será A1, tu siguiente prioridad A2, y así sucesivamente.

- Revisa tu lista todos los días y reevalúa las prioridades conforme sea necesario. Haz una nueva lista al principio de cada semana.

ver aquella caída en picada, Billingsley hubiera empezado por dirigir su atención a un "árbol", como la posición del avión, habría dejado fuera el resto del "bosque", como altitud, velocidad, su alumno y todas las soluciones posibles. Si su concentración hubiera seguido evaluando los múltiples factores de la situación, la solución del golpe de karate en los codos del alumno habría permanecido como un árbol oculto en el bosque. La meditación puede ser útil para practicar el ajuste de tu *zoom*, ya que prepara específicamente al cerebro para alterar su nivel de concentración; las investigaciones indican que la meditación puede engrosar las regiones asociadas con el control de la atención y mejorar así la capacidad de concentración.

119

Ordenar tus prioridades

Práctica, andamios y *zoom* conducen al asunto de por qué prestas atención en primer término, con el propósito de fijar prioridades. Cuando
priorizas, usas los limitados recursos de atención de que dispones para
manejar la información del modo más efectivo y eficiente posible. Los
triunfadores ponen continuamente un factor situacional al principio de
su lista, lo examinan, lo eliminan de ser necesario y mueven después el
siguiente elemento al principio de la lista. Aun en una situación con
mucho estrés, un triunfador es capaz de hacer esto de manera espontánea
e instantánea. Cuando, por ejemplo, Billingsley reevaluó sostenidamente
el apuro en que se encontraba, demostró tener un alto nivel de destreza
para priorizar.

La meditación también puede ser útil en este caso. El estudio
de 2007 de Jha y colegas de la University of Pennsylvania determinó
que 30 minutos diarios de meditación aumentaron la capacidad de los
sujetos para priorizar y manejar tareas y metas luego de tan sólo un mes.
Tras ocho semanas, tanto los expertos como los novatos en el arte y
práctica de la atención practicaban con mayor rapidez y precisión una
serie usual de habilidades de cómputo. Estos resultados sugieren que aun
una reducida dosis de meditación puede producir mejoras en tu atención
y concentración cuando estás estresado y limitado de tiempo. Aunque,
en sí misma, la práctica de la meditación puede no parecer relajante, las
mejoras en atención-realización que conlleva pueden ayudarte a estar
más relajado en general. Cualquier persona que haga trabajo de oficina
bajo gran presión debería prestar oídos a estos hallazgos.

Whac-a-Mole y el arte de dejarte llevar

Como ya dijimos, es perfectamente lógico que las divagaciones y en-
soñaciones de la mente induzcan errores. Pero al fondo de una bodega
en Orlando, Florida, vive una criatura cubierta de polvo y con ojos

redondos y brillantes como cuentas que personifica el lado positivo de la divagación mental para aumentar el control de la atención.

Esta criatura, un topo de hule hecho a mano, es el último vestigio del primer juego Whac-a-Mole. Su inventor, Aaron Fechter, dice haberse inspirado en un defectuoso prototipo japonés que vio en una convención de juegos en 1973. El aparato original de Fechter constaba de un gabinete grande que llegaba a la cintura de una persona y con cinco agujeros en la tapa, cada uno de los cuales contenía un topo y el artefacto impulsado por aire necesario para hacerlo subir y bajar. El objeto del juego era esperar a que un topo saliera casualmente de su escondite para pegarle en la cabeza con un mazo grande y suave. Whac-a-Mole es ahora un ingrediente obligado de ferias y salas de juegos en todo el mundo, y aunque el mecanismo ha cambiado un tanto y los topos son un poco más estilizados, la esencia del juego sigue siendo la misma.

Podría pensarse que la mejor estrategia para jugar Whac-a-Mole es mantenerse atento y muy concentrado, y así estar listo para golpear cuando un topo asome la cabeza. Pero no es así. Después de treinta años de ver a la gente practicar este juego, Fechter jura saber lo bien que alguien jugará tan pronto como eleva el mazo. "Si está alerta y mueve mucho la cabeza y el cuerpo, está condenado a perder", dice. "Pero si está suelto y relajado, es muy probable que obtenga una puntuación alta."

Las investigaciones le dan la razón. En 2006, un equipo de investigadores canadienses encabezado por Dan Smilek estudió la rapidez con que la gente podía encontrar un objeto específico entre muchos otros similares, casi una variante en video de Whac-a-Mole. Los voluntarios a los que se dijo que se relajaran y permitieran que el blanco "apareciera" en su mente obtuvieron resultados más altos que aquellos a quienes se dijo que debían buscarlo intensamente. Esto deja ver que un enfoque despreocupado es a veces más rápido y eficiente que la persecución resuelta de un objetivo. El equipo de Smilek descubrió que la adopción de un enfoque pasivo daba buenos resultados en búsquedas difíciles, pero no tan buenos en búsquedas simples.

SÉ UN MAESTRO ZEN DEL WHAC-A-MOLE

¿Quieres impresionar a tus amigos y familiares la próxima vez que juegues Whac-a-Mole en el parque de diversiones? Sigue los consejos de Aaron Fechter, quien dice ser capaz de acumular una puntuación perfecta cada vez que toma el mazo.

"La mejor manera de obtener una puntuación alta es mirar tranquilamente el centro del campo de juego, abarcando los topos de los lados con la visión periférica. Al principio, sostén el martillo sobre el topo del centro, rozando la punta de su cabeza. Cuando aparezca el primer topo, ubícalo con el rabillo del ojo y golpea; síguelo con los ojos, *pero sin mover la cabeza*. Después de cada balanceo, vuelve a poner el mazo en el centro del campo de juego y sigue viendo y pegando, viendo y pegando. Hazlo así y no se te escapará prácticamente ninguno de esos bichos."

Fechter sigue jugando Whac-a-Mole en convenciones y salas, sorprendiendo a la gente por la facilidad con que gana. Muchos le dicen: "Vaya, ¡parece que hubieras inventado el juego!". Él se limita a bajar el mazo sonreír y se marcha. El cerebro de un triunfador en acción.

Relajar la atención sirve para algo más que encontrar las llaves, por supuesto. Como mencionamos en el capítulo anterior, sobre la motivación, soltarse y olvidarse de la concentración al sumergirse en lo que uno hace fue descrito por el psicólogo Mihály Csíkszentmihályi como el estado de *flujo*, y ésta parece ser una de las claves de la creatividad. B. B. King, el octogenario ícono del *blues*, describe esa sensación de flujo: "Cuando improviso, vivo el momento. Es como armar un rompecabezas, en el que todas las piezas deben embonar. Encontrar las piezas que te faltaban se siente delicioso, como un río que fluye."

Ese "río fluyendo" es justo lo que Charles Limb y Allen Braun intentaron atrapar en sus escaneos de (IRMF) imagen por resonancia magnética funcional de jazzistas experimentados en el Centro de Resonancia magnética (RM) de los National Institutes of Health en Bethesda, Maryland. Esos investigadores observaron que la corteza prefrontal dorsolateral, asociada con la planeación de acciones y la autocensura, mostraba un descenso en su actividad, mientras que la corteza prefrontal media, que algunos científicos consideran decisiva para la expresión personal y la individualidad, mostraba mayor actividad. Esto puede ser, en efecto, lo que sucede en el cerebro de artistas y no artistas por igual cuando se sueltan y dejan fluir su energía creativa. Y es un estado perfecto para dar con ideas nuevas, y con esos momentos en los que de repente se te prende el foco y entiendes las cosas.

Así, *no* concentrarse, en momentos de ocio, nos brinda a veces la solución de un problema, nos permite hacer planes o nos da la oportunidad de reflexionar en nosotros mismos. En realidad, las regiones cerebrales que intervienen en la divagación de nuestra mente son las mismas regiones clave que nos ayudan a planear, a relacionarnos con los demás, a prever el futuro y a predecir lo que debemos hacer para prepararnos para el mañana.

Las situaciones en las que el desafío rebasa tu capacidad y capacitación producen ansiedad; te concentras en exceso y eres incapaz de sumergirte en la experiencia. El flujo ocurre cuando existe un equilibrio entre nivel de capacidad (talento, pericia, práctica, capacitación) y desafío (el grado de dificultad de la actividad). Y las situaciones en que tu capacidad y capacitación exceden al desafío producen aburrimiento: la excelencia queda sin recompensa. Una recomendación del cerebro del triunfador: busca situaciones desafiantes, y en las que te sumerjas en lo que haces. Experiencia e intuición nos hacen saber a la mayoría qué cosas nos atraen.

No tienes que ser una gimnasta olímpico o un piloto de combate para saber que las habilidades de concentración finamente ajustadas pueden ayudarte a lidiar con las constantes distracciones de la vida. El cerebro de los triunfadores es capaz de desplazarse a la concentración correcta para cada situación, aunque siempre intenta establecer el or-

 **Cal-mente**

El mensaje aquí es relajarse y tener paciencia cuando la concentración es clave para el desempeño de una tarea, labor o habilidad. Haz a un lado esa fuerza de: "caza y mata" y simplemente relájate y reacciona. La próxima vez que busques tus llaves –algo en lo que quizá ya tengas mucha práctica–, despreocúpate y deja que el cerebro haga lo suyo, sin interferencia de las lentas y restringidas rutinas conscientemente controladas. Las lentas regiones ejecutivas del cerebro se apagarán entonces, permitiendo a los procesos de libre asociación, relativamente automáticos, tomar el mando.

den de prioridad de la información y fijarse en lo importante tanto en el momento como a largo plazo. Quizá este capítulo te haya inspirado a adoptar el yoga o la meditación para pulir tu concentración (y, como veremos más adelante, ambos son favorables también para muchos otros factores de triunfo), o te haya enseñado a reducir las demandas sobre tu concentración practicando partes de una habilidad hasta convertirlas en tu segunda naturaleza. En el capítulo siguiente te enterarás de cuáles son los sectores clave del cerebro crucialmente implicados en el equilibrio de las emociones, y por qué son tan importantes para sostener tu láser de metas, radar de oportunidades e indicador de riesgo óptimo.

FACTOR DE TRIUNFO # 4

Equilibrio emocional

Hacer que las emociones trabajen a tu favor

EQUILIBRIO EMOCIONAL

Los triunfadores reconocen y anticipan respuestas emocionales tanto en sí mismos como en los demás, de manera que pueden suscitar, detener y ajustar emociones conforme a una situación dada.

Aumenta tu capacidad intelectual: El equilibrio emocional es la parte del radar de oportunidades que te ayuda a manejar tus respuestas emocionales al evaluar una situación. Gracias a que no permite que tus emociones tomen el control de tu cerebro, mantiene estable el rayo de tu láser de metas. Y estabiliza también tu indicador de riesgo, ayudándote a contener tus emociones cuando decides correr riesgos, en especial si no rinden beneficios.

Vuelan insultos como huevos podridos contra la pequeña rubia de la blusa sin mangas.

–Las mujeres son muy buenas para conducir. ¡Mira a cuántos kilómetros por hora le dan a la salpicadera!

–El beisbol es para hombres, preciosa. ¡Vete a jugar con tus Barbies!

–¿Por qué no intentas algo para lo que sí sirvas, cariño? ¡Como lavar trastes!

Este último surte efecto. La mujercita rubia toma una pelota de beisbol y la lanza contra un círculo rojo de metal. Falla, pero tras una docena de intentos la pelota da en el blanco y el payaso horrible cae en el enorme tanque de agua debajo de él. Ella pega varios puñetazos en el aire, y la multitud enloquece.

¿Quién es el ganador en este caso? La mujer "gana" porque consigue hundir al payaso, pero dilapida un montón de dinero por las pullas de un desconocido que trae un maquillaje compacto en la cara. Por su parte, Terry Leonard, el hombre tras del maquillaje, se embolsa más de cien dólares por hora como payaso en ferias populares. "Me gano espléndidamente la vida haciendo enojar a la gente", nos cuenta Leonard entre risas.

Haciéndola enojar, pero no demasiado. Los payasos buenos para los insultos saben hasta dónde llegar con la gente sin propasarse. Como señala astutamente Leonard: "si no se divierten, no gastan".

Le concedemos a Leonard categoría de cerebro de triunfador porque conoce las emociones a nivel de doctorado, tanto las propias como las ajenas. La habilidad de su cerebro de triunfador es el equilibrio emocional, la capacidad para apelar sistemáticamente a la emoción correcta en la dosis justa y en el momento preciso para las circunstancias.

Personas como Leonard entienden que *tener* emociones no es lo mismo que *equilibrarlas*; de hecho, el equilibrio emocional es la base de muchos otros rasgos del cerebro del triunfador. La fortaleza emocional es el aceite que engrasa la maquinaria del proceso de recuperación (resistencia), ya sea que pases por un caótico divorcio, un despido súbito o cualquier otra de las trampas de la vida. En cuanto al medidor de talento (la capacidad no sólo de ser bueno en algo, sino también de saber que lo eres), cuando sintonizas con el canal emocional equivocado o jugueteas sin cesar con los discos emocionales, tu medidor obtiene tan buena recepción como una televisión con una antena de conejo.

¿Qué son las emociones, a todo esto?

Nosotros creemos que el equilibrio emocional es uno de los rasgos menos comprendidos del cerebro del triunfador, tal vez porque científicos y filósofos han debatido durante siglos (y lo siguen haciendo) qué son exactamente las emociones. Los autores de este libro nos sumamos al creciente número de expertos que ven las emociones como una escala móvil de respuestas psicológicas que van del placer en un extremo al desagrado en el otro; estas reacciones nos permiten evaluar la importancia de todo aquello con lo que topamos –desde sucesos hasta personas, e incluso nuestros propios pensamientos– respecto a nuestras necesidades y metas. Esto puede parecer una explicación un tanto fría y distante de algo que rara vez es frío y distante, pero nos permite cuantificar muy bien la naturaleza subjetiva de los sentimientos.

No es de sorprender entonces que exista un vínculo directo entre los aspectos psicológicos de las emociones y la respuesta fisiológica del cuerpo. Esto se aplica no sólo a las respuestas voluntarias, sino también a las respuestas físicas involuntarias, fenómeno que suele expresarse en el habla. Decimos que el nerviosismo es como sentir mariposas en el estómago; el entusiasmo, un corazón encabritado, y el miedo un nudo en el estómago. Esta relación primordial entre lo fisiológico y lo físico es lo que mueve muchas de nuestras acciones e ideas subsecuentes: *cómo te sientes determina cómo reaccionas.*

Todos los aspectos de las emociones son resultado de una actividad cerebral específica, pero hasta fecha reciente era difícil precisar con exactitud en qué parte de nuestros neurocircuitos se originaban los sentimientos. Ahora, gracias a la tecnología moderna, los neurocientíficos pueden demostrar que las emociones se generan en una red de estructuras cerebrales que incluyen regiones de la corteza cingulada anterior, la región orbitario-frontal de la corteza prefrontal justo arriba de los ojos, y la ínsula, junto con una fuerte intervención de la amígdala. Una simplificación relativamente común iguala la amígdala con las emociones, pero hoy sabemos que el procesamiento de las emociones es muy complejo. No obstante, estos complicados racimos de células en una de las partes más primitivas del cerebro contribuyen significativamente a la euforia que sientes cuando consigues boletos para un concierto cuyas localidades ya se habían agotado, y a la desilusión que experimentas cuando descubres que tus asientos se ubican justo detrás de una columna. Como has leído ya en otros capítulos, hallarle el modo a esta pequeña pero potente estructura de la mente es la clave para desarrollar muchos rasgos del cerebro del triunfador.

Emociones del cerebro del triunfador

Cada persona en este planeta está programada para sentir emociones. Es imposible borrarlas de la experiencia humana. La diferencia entre el cerebro de un triunfador y un cerebro normal es que los triunfadores se empeñan en dar a sus emociones un uso productivo. No vomitan simplemente emociones en forma incontrolada o irreflexiva; son muy sensibles a sus respuestas emocionales (aun las negativas), a fin de que sus emociones hagan contribuciones positivas a sus metas presentes y de largo plazo. Quizá no siempre realicen esto a nivel consciente ni logren el truco todas las veces, pero son en gran medida expertos en canalizar productivamente las emociones, aun cuando esto sea contrario a la intuición.

Nuestro amigo Ron, agente del FBI especializado en narcóticos, ilustra a la perfección este punto. Una vez participó en una operación que implicaba desintegrar una banda de narcotraficantes. Mientras se mantenía en cuclillas entre los arbustos a la espera de recibir órdenes, recuerda haberse sentido... relajado.

¿Relajado? Bueno, en la vida cotidiana y para la persona prome- dio, ése sería un estado anímico ideal, pero para un agente del FBI en medio de una redada de drogas puede representar un riesgo profesional. En este escenario, la exaltación controlada y las sensaciones de ansiedad son cosa de todos los días, justo las emociones que Ron necesita para mantenerse concentrado. Ahora bien, como dijimos en el capítulo sobre la concentración, la relajación podría ser buena, pero éste es un caso en el que sentirse demasiado relajado puede resultar perjudicial. La verdad es que Ron recuerda haber pensado conscientemente en ese momento que de su estado emocional dependían muchas vidas y que tenía que hacer un esfuerzo deliberado para salir de su autocomplacencia. Al mismo tiempo, tuvo el cuidado de no deslizarse al extremo contrario de la escala emocional, hasta el nerviosismo absoluto. "En una redada tienes que estar exasperado o irritado, pero no al grado de ver todo rojo", explica.

Lo que Ron captaba de manera intuitiva es que el rendimiento aumenta con la excitación emocional, pero sólo hasta cierto punto. No sólo hay un estado emocional óptimo para cada situación; también hay un volumen emocional óptimo. Esta noción se desprendió de lo que ahora se conoce como la ley de Yerkes-Dodson, en honor a los dos psi- cólogos de Harvard que identificaron por primera vez la relación entre la intensidad de la estimulación y la realización de tareas.

Como puede verse en la página siguiente, la relación entre ex- citación emocional y desempeño compone una U invertida, donde la parte ascendente de la curva representa el positivo efecto vigorizador de la excitación, y la parte descendente los efectos negativos debilitadores de la excitación (o tensión) en procesos cognitivos como la atención,

**Efecto de la excitación emocional
en el desempeño**

Nivel de desempeño

demasiado bajo   óptimo   demasiado alto

Nivel de excitación

la memoria y la resolución de problemas. En cuanto que experimentado agente del FBI, Ron sabía que cierto nivel de agresividad le sería útil, porque le permitiría reaccionar si la redada marchaba mal. Pero si llevaba el volumen demasiado lejos, hasta la zona de color rojo subido, se arriesgaba a una especie de visión de túnel, lo que le impediría acceder a las partes lógicas de toma de decisiones de su cerebro.

Como ya dijimos, en un principio el uso que Ron hace de las emociones puede parecer contrario a la intuición. Va en contra de la extendida opinión de que algunos sentimientos, como la felicidad y la satisfacción, siempre son buenos, mientras que otros, como el enojo y la agresividad, siempre son malos. Él utiliza emociones normalmente consideradas negativas y las usa en forma productiva. La gala que hace de control emocional disipa asimismo la falsa idea de que, como las olas en la arena, las emociones simplemente arrasan con uno y no hay nada que se pueda hacer con ellas. Aunque esto es cierto, en el caso de sentimientos primitivos, como el terror que experimentarías si te vieras atrapado en una casa en llamas, en la mayoría de los casos puedes dirigir tus emociones hacia tus metas.

Educarte emocionalmente

Es probable que personas como Ron tengan una tendencia natural a la regulación emocional, que han incrementado a lo largo de años de experiencia y entrenamiento especializado. La buena noticia es que el equilibrio emocional es una habilidad que todos podemos mejorar. Como en el caso de lanzar una pelota o aprender a manejar, en ambos casos puedes mejorar con la práctica. Esto implica hallarle el modo a tres conceptos fundamentales: reconocer las emociones en ti mismo y en los demás; predecir qué respuesta emocional tendrás en una circunstancia dada, y el arte de ajustar tus emociones al logro de lo que deseas. Este nivel de equilibrio emocional trae consigo una profunda sensación de conciencia de sí.

Kevin Ochsner y sus colegas de Columbia University exploraron en un trabajo reciente si procesamos o no de manera distinta nuestras emociones y las ajenas. Al mostrar a sus voluntarios una serie de fotografías y pedirles clasificar después sus sentimientos o los de la persona en la foto, estos investigadores pudieron establecer que algunas de las mismas regiones cerebrales se activan si experimentamos una emoción o juzgamos la experiencia de otro. Esto demuestra lo mucho que dependemos de nuestro muy peculiar punto de vista para interpretar el significado de la condición emocional contra las pistas situacionales reales, independientemente de si se trata de nuestras emociones o de las de alguien más.

Los hallazgos de Ochsner abordan directamente el motivo de que el cerebro de un triunfador tenga éxito en el manejo de las emociones. La mayoría de nosotros podemos identificar los colores primarios de la emoción. Sabemos, por ejemplo, que una boca sonriente y risas se asocian con la felicidad, y una boca con las comisuras hacia bajo y lágrimas con la infelicidad. Gracias a que cuentan con una paleta emocional tan rica, los triunfadores pueden descifrar correctamente un número incalculable de sutiles colores emocionales, lo que a su vez les permite evaluar correctamente sus necesidades emocionales tanto como las ajenas.

Tomando el control del inventario emocional

El primer paso para aprender a equilibrar las emociones es "conócete a ti mismo". Empieza volviéndote más consciente de tu línea básica emocional personal, es decir, de la gama normal de tus respuestas emocionales, la cual incluye las altas más elevadas y las bajas más hondas que sueles alcanzar. (Esto es diferente en cada persona.) También presta atención a tus zonas de confort emocionales; intenta determinar qué emociones fluyen de ti con facilidad y cuáles te cuesta trabajo expresar. ¿Eres mejor expresando una gama de felicidad o de tristeza, de satisfacción o de enojo? El doctor Jeff Brown, uno de los autores de este libro, suele recomendar a sus pacientes llevar durante una o dos semanas un detallado diario emocional, para que enriquezcan su vocabulario emocional.

Tan pronto como comprendes tus emociones, puedes comunicarlas con más claridad. Si en realidad eres muy bueno en esto, puedes expresarlas por medio de una marioneta.

Elmo "el Muppet" apareció esporádicamente en Plaza Sésamo más de una década antes de que cobrara verdadera vida en 1984, a través del talentoso titiritero Kevin Clash. Es difícil imaginar que este grande y apuesto afroestadunidense pueda dar vida a un títere rojo pequeño y peludo, pero eso es justo lo que sucede. En manos de Clash, Elmo expresa tan bien alegría, sorpresa, tontería, confusión, tristeza y toda una gama de sentimientos complejos que hasta los bebés los reconocen. Clash lo hace no sólo con su voz en falsete (su verdadera voz es grave y uniforme). Arqueando una ceja, sacudiendo una pata o mirando a veces de frente a la cámara, Elmo puede transmitir sus sentimientos mejor que muchos seres humanos.

"Los titiriteros de éxito dedicamos mucho tiempo a observar a la gente, y somos muy buenos para interpretar las emociones y el lenguaje

Intercambiar lugares para bien

Para cultivar la empatía, pregunta "¿Qué sientes?" en vez del clásico "¿Qué piensas?". También puedes ser creativo con la compasión. Lee libros escritos por personas del género opuesto, de nacionalidad diferente a la tuya o ubicadas del lado contrario en algún importante tema. Toma un curso destinado a practicantes de una profesión completamente distinta a la tuya. Cualquier cosa que te permita ponerte en los zapatos emocionales de otro pondrá a girar el disco de tu radar de oportunidades, ampliará tu perspectiva, te hará más consciente de tus capacidades y ampliará tu repertorio emocional.

corporal", nos dijo Clash. "Así es como logramos que nuestras marionetas cobren vida."

La facilidad de Clash para relacionarse con las emociones de los demás le permite canalizar una amplia serie de sentimientos por sus dedos hasta Elmo, la cámara y los corazones y mentes de sus espectadores. En su trabajo, Clash tiene que tratar desde niños de dos años hasta superestrellas, y es muy bueno para eso. Una vez, uno de sus mentores, el maestro titiritero Frank Oz, le pidió interpretar a Miss Piggy en una película. Cuando Clash mostró ciertas dudas de poder hacerlo, Oz le dijo: "Imagina a un camionero que siempre ha querido ser mujer." ¡Oz sabía que Clash era suficientemente empático para convertir esas indicaciones en una remilgada marranita rosa!

Si la empatía es lo que hace de Clash un gran marionetista, también vuelve excepcional a una enfermera, eficaz a un terapeuta y gran padre o madre a una persona. Es tan esencial para el éxito como la conciencia emocional de ti mismo, porque te permite prosperar en las relaciones personales, profesionales y sociales.

Ser un vaticinador emocional

Las respuestas emocionales son una fuente de información importante y pueden tener poderosos efectos en nuestras decisiones y conductas. Lo sepas o no, tus decisiones pueden basarse en lo que prevés que experimentarás emocionalmente. Una investigación de Julia Boehm y Sonja Lyubomirsky realizada en 2008 demostró que literalmente puedes: "escoger la felicidad", y que esta elección suele preceder al éxito. Estas autoras descubrieron que las personas felices ganan más, se desempeñan mejor y actúan en forma más útil que sus pares desdichados. Las evidencias de éste y otros estudios sugieren no sólo que la felicidad se correlaciona con el éxito en el trabajo, sino también que suele precederlo. ¿Qué nos dice esto? Predecir con exactitud los resultados emocionales puede ser de gran beneficio o costarnos un profundo pesar. Pero cuanto más precisos seamos en la predicción y orientación de nuestras respuestas emocionales en situaciones diversas, más fácilmente encontraremos alegría, felicidad y otras emociones positivas. Podremos reconocer cuándo vale la pena invertir en una situación y cuándo no.

Triunfadores de talento como Ilene Busch-Vishniac, renombrada investigadora, inventora e ingeniera mecánica, poseen verdadera facilidad para evaluar los posibles rendimientos de esas inversiones emocionales. Como mujer en un medio académico eminentemente masculino, Busch-Vishniac ha tenido que vérselas con desigualdades flagrantes. "Una vez, el director técnico de una universidad me pidió mi opinión sobre dos candidatos para presidir mi departamento", recuerda ella. "Cuando señalé que había una tercera opción obvia –yo– y que esta tercera opción había dirigido el departamento durante más de cinco años, se quedó perplejo. Sencillamente no podía concebir que hubiera una presidenta de departamento."

Aunque Busch-Vishniac estaba en su derecho de resentirse y enojarse –¿no lo habrías hecho tú?–, vio con claridad que esas emociones no le servirían para obtener el puesto de presidenta. Optó en cambio por

> Puedes planear la búsqueda o prevención de situaciones específicas con base en las emociones que intentas atacar: ¿soledad? Invita a comer a un amigo. ¿Depresión por tu peso? Elige un camino al trabajo que no pase por la pastelería que tiene esos bizcochos tan ricos en grasas.

ver la situación de modo tranquilo y racional; en última instancia, esto le permitió sacar provecho de otra herramienta del cerebro del triunfador: el radar de oportunidades. "Cuando queda claro que el techo de cristal en realidad lo es de concreto, busco oportunidades en otra parte", dice.

Y así lo hizo. Hoy, Busch-Vishniac es rectora y vicepresidenta (académica) de McMaster University, una de las instituciones de investigación y docencia más prestigiosas de Canadá. Ninguna barrera, sea de vidrio, concreto o cualquier otro material, puede representar una muralla entre alguien como Busch-Vishniac y la realización. Éste es un rasgo que la mayoría podemos cultivar mucho más de lo que creemos.

Manejar tus emociones

El quid del equilibrio emocional es, desde luego, el control. Esto no significa que sostengamos la opinión de que las emociones son dañinas o algo que tenemos que reprimir completamente –no lo son y no se puede–, sino que tampoco son un tsunami furioso sobre el que no tienes ningún poder. Encabezado por investigadores como Ochsner y James Gross, de Stanford University, el emergente campo de la regulación de las emociones explora la manera en que los individuos influyen en las emociones que tienen, cuándo las tienen y cómo las experimentan y expresan. Gross y sus colegas creen que tenemos cinco oportunidades para influir en nuestras reacciones emocionales.

Una de esas oportunidades se presenta cuando decides en qué situaciones meterte. Esto requiere un nivel de inteligencia emocional que incluye un conocimiento práctico de tu inventario, líneas de base y zonas de confort emocionales, más la capacidad de hacer predicciones razonables sobre qué situaciones conducen a cuáles emociones. Algunas circunstancias son inevitables, pero en general tienes el poder de elegir, lo cual abre toda suerte de posibilidades al manejo de las emociones.

Si, pese a tus mejores esfuerzos, te ves involucrado en una situación de alta carga emocional, de todas maneras tienes la oportunidad de desvanecerla haciendo un esfuerzo consciente y activo por modificarla. Podrías convertir una ineludible reunión con un cliente incómodo en una videoconferencia, para evitar un encuentro frente a frente; no apretar los dientes durante una pelea con tu pareja, o pedir serenamente a un vecino que se modere en una fiesta escandalosa.

Y si esto no funciona o no es apropiado, genera una distración. ¿De niño no te tapabas los ojos o volteabas a otro lado cuando veías una película de terror? Hacías lo que los psicólogos llaman despliegue de atención: alejar tu atención de un suceso emocional demasiado intenso. B. B. King nos contó que no le gustaba que estallaran peleas en sus conciertos (¿a ti te gustaría que de pronto surgiera una pelea a golpes en tu oficina?), así que cuando veía que se gestaban problemas, tocaba algo alegre para poner de otro ánimo a la gente. Distrayendo a alguien con música bonita para que dejara de lanzar golpes, hacía magia emocional. En términos simplistas de la ciencia de la mente, distraía a la parte emocional del cerebro con la parte atencional.

Tú también tienes la opción de cambiar tu perspectiva. Cuando tu jefe te da trabajo extra, tienes dos opciones: sentirte explotado y sobrecargado o sentirte bien de que tu jefe confíe en que lo harás en forma satisfactoria. Estudios como el efectuado en la University of Chicago por Sarah Banks y colegas dan sustento a nuestro parecer de que este proceso de reformulación, también llamado de reevaluación, deriva en

Construir separadores de actividades

Supongamos que estás a punto de presentar una exposición en una reunión importante, pero que ese mismo día debes llevar a revisar tu coche, llegas tarde a la oficina y hay una pila de cuentas en tu escritorio. Prueba lo que los psicólogos llaman: "uso de separadores de actividades", técnica efectiva cuando estás bajo mucha tensión o en medio de una: "espiral de preocupaciones" pero aun así debes ser productivo.

Kerri Strug consiguió de manera célebre el salto de la victoria en las Olimpiadas de 1996 pese a haberse lastimado gravemente el tobillo en un intento previo. Pero en vez de dejarse atrapar por el momento, usó un separador, bloqueando todo lo relacionado con un suceso estresante para dejar únicamente una tarea manejable: en su caso, la vuelta y media de Yurchenko. "No oía a la multitud ni pensaba en mi tobillo, ni me monté en mi éxito o fracaso", nos dijo. "Sólo me concentré en mi desempeño."

Intenta usar como separador de actividades una palabra clave como: "ahora": éste es el momento en que dejas de lado todo lo demás y te concentras exclusivamente en tu exposición oral. Después podrás quitar ese separador y poner otro en otra tarea, como llevar a revisar tu coche.

una mejor conectividad de funciones cerebrales entre áreas específicas de la corteza frontal y la amígdala, la cual se relaciona con las emociones. Otros estudios, como el de Jane Richards y Gross, sugieren que la reformulación puede aliviar las demandas cognitivas que de otro modo enfrentaría tu cerebro al lidiar con sucesos emocionales. Esos autores descubrieron que quienes reformulan un suceso de alta carga emotiva reflexionando en sus implicaciones hasta verlas como retos antes que como problemas, pueden mantener la calma y recordar mejor los detalles que quienes se estresan o intentan reprimir sus sentimientos.

Finalmente, si nada de eso funciona, mete por última vez la mano en tu saco de trucos emocionales y haz lo que tu madre siempre te decía que hicieras cuando te enojabas o contrariabas: respira hondo.

Las emociones pueden ser o un "jitomatazo" en la cara o un productivo juego de herramientas para avanzar hacia tus objetivos. Las respuestas emocionales del cerebro no son exclusivamente positivas o negativas; el equilibrio de poder entre las diferentes regiones cerebrales te permite ajustar tus emociones a cada situación. Al comprender cómo experimentas las emociones y cómo reaccionan emocionalmente a ti los demás, puedes buscar un equilibrio emocional efectivo. Como veremos en seguida, el cerebro de un triunfador cuenta con un desarrollado sistema de apoyo en el factor de triunfo de la memoria, el cual te ayuda a anticipar las curvas que encontrarás en el camino al éxito, y a elevar entre tanto la potencia de todas tus herramientas de capacidad intelectual.

FACTOR DE TRIUNFO # 5

Memoria

"Recordar" para tener el cerebro de un triunfador

MEMORIA

El cerebro de los triunfadores no sólo almacena gran cantidad de información en su memoria; también aplica su experiencia y la usa para elaborar estratégicamente nuevos conocimientos a fin de mejorar el desempeño futuro.

Aumenta tu capacidad intelectual: ¿Existe acaso alguna herramienta de capacidad intelectual que no dependa de la memoria? El radar de oportunidades y el indicador de riesgo óptimo, por ejemplo, se valen de la experiencia para evaluar circunstancias similares. El hecho es que casi todo lo que hacemos se basa en una evaluación de la experiencia pasada para poder predecir el futuro.

Mientras escribíamos este libro, Mark Fenske le disparó a un hombre desarmado. Lo hizo para entender mejor qué mueve al cerebro de un triunfador.

Claro que no disparó balas reales a un ser vivo. El arma era real, pero estaba conectada mediante un largo cable de color negro a un aparato de realidad virtual controlado por el agente especial Keith H., nuestro instructor de armas de fuego del FBI. Keith colocó primero en el cinturón de Fenske la funda de un arma, y luego proyectó en una gran pantalla el video de una irrupción en el departamento de un presunto asaltabancos. Una vez que el escenario del video empezó a desplegarse, Keith usó un control remoto montado en una enorme consola para alterar la acción. Dependiendo de la forma en que Fenske reaccionaba, Keith cambiaba el escenario para introducir una serie de modificaciones en la trama.

Lamentablemente, Fenske no reaccionó bien. Disparó muy pronto contra el sospechoso en múltiples ocasiones, en la cabeza, las piernas y el pecho, aunque éste había levantado las manos para rendirse y estaba acorralado en una esquina. Fenske tampoco reparó en el hecho de que la novia menuda del sospechoso se sacó una pistola de detrás del pantalón y disparó varias veces.

Por cierto, Liz Neporent y Jeff Brown no tienen tampoco nada de qué presumir, pese a que también intentaron responder adecuadamente a ese escenario de realidad virtual. En el curso de su redada, Neporent hirió gravemente a un chico de 12 años, y en la suya Brown mató a un agente del FBI.

La memoria reside por completo en tu cabeza

Antes de que se nos introdujera en la sala de realidad virtual, del tamaño de una oficina; de que se nos fijara al cinto un revólver y de que se nos pusiera frente a la pantalla de video, nos habíamos sumergido en dos días de entrenamiento intensivo en la FBI Academy, ofrecido por sus mejores instructores. Aparte de Keith, instructor principal de armas de fuego en Quantico, también estuvieron presentes Ron, exinstructor de la Marina, y Clay, antiguo operador del reactor a bordo de un submarino nuclear de la Marina. Originalmente habíamos hecho contacto con Keith para sostener una simple entrevista para este libro; pero cuando nos invitó generosamente a Quantico con objeto de que experimentáramos por nosotros mismos una parte de la crucial capacitación de campo del FBI, pensamos: "¿Por qué no? ¿Qué mejor manera de asimilar la mentalidad de triunfador necesaria para ser un agente exitoso que probarla de primera mano?". Los tres saltamos prácticamente al primer avión a Virginia.

Nuestro entrenamiento implicó varias horas en el profundo y oscuro campo de tiro del FBI, para aprender la técnica apropiada, el protocolo de seguridad de armas y la estrategia de tiro. Visitamos asimismo Hogan Alley, la violenta pero falsa ciudad en la que se entrena a los agentes en formación recreando tiroteos, redadas y muchas otras situaciones peliagudas. Keith y compañía nos entrenaron ahí en cosas como ver a los malos antes de que ellos te vean a ti, tomar decisiones en fracciones de segundo y usar la reacción del otro a tu favor, todo lo cual practicamos una y otra vez durante cerca de medio día.

Al terminar nuestro curso de inmersión en la "Universidad del pistolero", habíamos recibido una muy completa educación sobre el apropiado uso de la fuerza y cómo responder en situaciones de vida o muerte que implican armas y violencia. Se nos entrenó para recibir grandes cantidades de información en nuestro cerebro. Cualquiera de nosotros habría sobresalido en el examen escrito.

Pero cuando las luces se apagaron… nuestro cerebro se paralizó por completo.

Ahora bien, pudimos haber relatado esta historia como parte del capítulo sobre el equilibrio emocional; es indudable que se necesita mucho control emocional para manejar en la forma adecuada un arma de fuego ante una amenaza. O quizá en el capítulo sobre la concentración o la conciencia de sí; estos dos factores de triunfo también son importantes en un escenario así. Pero la hemos contado aquí para ilustrar lo frágil que puede ser la memoria y lo intrincadamente ligada que está a tantos otros rasgos del cerebro del triunfador. La mayoría de los métodos para mejorar la memoria enfatizan la manera de introducir información al cerebro y mantenerla ahí, para que se le pueda repetir maquinalmente después. Pero no toman en cuenta que bien podrías tener que acceder más tarde a esos recuerdos en situaciones de alta carga emocional, como cuando estás nervioso antes de hablar frente a un numeroso grupo de personas o de participar en un programa de concursos que ven millones de personas, o como cuando pasan zumbando balas junto a tu cabeza.

Nosotros hemos optado por presentar de la memoria una faceta distinta a la de gran parte de la cultura popular: enfatizar la capacidad para acceder a recuerdos en la vida real. En muchos sentidos, la memoria es lo que te convierte en una persona única. Tú eres, después de todo, la suma de las experiencias que recuerdas. Sin embargo, el cerebro de un triunfador no se limita a almacenar datos, como un disco de una computadora vieja. Privilegia la calidad sobre la cantidad.

Tiroteo desde el hipocampo

El cerebro humano posee una impresionante capacidad para recordar cosas. En 18 meses, por ejemplo, los bebés ponen en marcha una asombrosa explosión lingüística, aprendiendo y reteniendo el significado de hasta diez palabras al día. Para cuando llegamos a la edad adulta, la mayoría reconocemos al menos 60,000 palabras. Añádase a esto, cientos de miles de experiencias y habilidades adicionales, como el camino en coche de la casa al trabajo, más el aroma a rosas en el jardín de tu vecino cuando tenías 10 años, más el sabor del limón, más el sonido de un piano desafinado, más la vez que conociste a tu pareja, más cómo lanzar una pelota, más la satisfacción que sientes cuando ganas un partido de tenis y resultará claro que el cerebro ha de tener un gabinete mental enorme para almacenar información.

De hecho, el cerebro tiene muchos gabinetes de almacenamiento (y sistemas de recuperación) para muy diferentes tipos de recuerdos. Cuando la información llega a tu cerebro, se manda primero a las áreas sensitivas correspondientes. Lo que ves se envía a la corteza visual, en el lóbulo occipital; lo que oyes, a la corteza auditiva, en el lóbulo temporal; lo que degustas, a la corteza insular-opercular, etcétera, para ser reenviado más tarde a otros destinos neuronales a fin de que tu cerebro reconozca y evalúe la información que recibe. Tras un día en la playa, tus recuerdos del olor del filtro solar, el azul del cielo, el ruido de las olas al romper en la orilla y la sensación de la arena bajo tus pies se distribuyen en las diversas áreas del cerebro responsables de almacenar esos tipos específicos de información. Pero por complicado que parezca este proceso, la emisión y comunicación neuronales implicadas suelen durar apenas una fracción de segundo.

Una estructura clave que convierte esas diversas huellas mnemoténicas en una experiencia unificada es el hipocampo, gran estructura curva oculta en el lóbulo temporal a cada lado del cerebro. El hipocampo y áreas adyacentes del lóbulo temporal medio trabajan en estrecha colaboración con otras regiones, como la amígdala y la corteza prefrontal, para evaluar la importancia de la información recibida. Al parecer, los datos que no necesitas se evaporan en el éter, mientras que los datos relevantes se fusionan en un almacén de largo plazo para su posible uso futuro.

De nuestra primera estancia en el campo de tiro del FBI, Fenske recuerda la sensación de apretar el gatillo y el movimiento del arma cuando la bala salió de la recámara, porque partes de su cerebro codificaron esa información como algo que podría serle útil en algún momento posterior. Sin embargo, no recuerda cómo iba vestido Keith ni dónde estaba parado Brown en ese momento, porque esta información era periférica y poco significativa para las demandas impuestas a su cerebro en ese instante.

Cuando tú necesitas un recuerdo, tu cerebro reúne los diversos fragmentos y piezas que lo componen como si fueran los ingredientes de una receta, los revuelve y los vierte en tu memoria operativa. La corteza prefrontal es el chef *de facto*, pues recluta a las variadas partes del cerebro necesarias tanto para invocar el recuerdo como para darle uso. El papel de este chef es decisivo, porque el proceso de formar y más tarde reconstruir un recuerdo no es constante. Un recuerdo puede verse influido por el estado anímico, el entorno y otras circunstancias, lo mismo en el momento en que se formó como después, cuando se le evoca. Por ejemplo, tiendes a codificar recuerdos con mayor firmeza cuando estás en un estado muy emotivo o cuando el suceso de referencia tiene un significado importante, representa algo muy inusual o es objeto de mucha atención de tu parte. Lo mismo puede decirse de la memoria, y por eso, como en el caso de cualquier receta, un recuerdo puede ser un poco distinto cada vez que lo evocas.

Formación de un cerebro proactivo

Mark Bluvshtein, de origen ruso, empezó a jugar ajedrez cuando tenía 5 años. A los 11 su familia se mudó a Toronto, y a los 16 ya era el gran maestro canadiense de ajedrez más joven de la historia.

Como Bluvshtein, quien tiene ahora 21 años, podría testimoniar, ser un ajedrecista de clase mundial requiere agudas habilidades mentales, una gran memoria entre ellas. "Tengo un tablero en mi cabeza, así que en realidad no necesito examinar el tablero frente a mí para ver moverse las piezas y pensar seis movimientos por adelantado", nos explicó. "Es como si mi memoria fuera un árbol, y todas las variaciones posibles las ramas."

Ésta es una excelente ilustración de lo que, en 2007, Moshe Bar, investigador de la Harvard Medical School, llamó el cerebro proactivo (parte de lo que concede a Bluvshtein su cerebro de triunfador). "La mayoría ve la memoria como una cinta de video o un álbum fotográfico

Intenta algo nuevo

Algunos cerebros son más proactivos que otros. Una de las mejores maneras de elevar el nivel con que empleas tu memoria es exponerla a tantas nuevas experiencias como sea posible. Estudios recientes de imágenes por resonancia magnética funcional (IRMF) llevados a cabo en Magdeburgo, Alemania, por Björn Schott y colegas demuestran que la novedad estimula la actividad no sólo de los centros de la memoria del hipocampo/lóbulo temporal medio, sino también de las áreas del cerebro medio ricas en dopamina responsables de la motivación y el procesamiento de recompensas. Dado que la dopamina favorece el aprendizaje, todo lo que consideras único da más pertrechos a tus neurocircuitos proactivos.

Así que prueba algo nuevo y diferente al menos una vez a la semana. No tiene que ser algo a gran escala, como hacer un viaje o lanzarte de un avión en paracaídas (aunque estas cosas ciertamente llenan los requisitos); aun algo tan sencillo como probar una fruta exótica, aprender nuevas palabras o probar un jabón nuevo te proporciona más material de referencia cruzada para el futuro. Respecto de cada nueva experiencia, confía a tu cerebro el almacenamiento de la información, intégrala con la que ya está ahí y sácala cuando sea necesario.

que contiene todas las experiencias de su vida", nos dijo Bar. "Pero en realidad está ahí para influir directamente en el presente y en la manera en que se percibe el entorno y se interactúa con él."

Investigadores como Bar suponen que el cerebro se apoya en la memoria para imaginar, simular y predecir posibles hechos futuros. Y, en efecto, un creciente número de estudios demuestran que imaginar el futuro depende en gran medida de la misma maquinaria neuronal necesaria para recordar el pasado. Así, el cerebro proactivo de Bluvshtein permite a éste hacer predicciones exactas sobre el curso de una partida con base

Prepara tu cerebro

Bar asegura que aun funciones tan simples como memorizar una lista de compras pueden mejorar con un método proactivo: "Si examinas la lista antes de ir a la tienda, las cosas te saltarán a la vista porque has preparado tu cerebro. Mirar los componentes de la lista se vuelve en cierto sentido una predicción." La ventaja de este método en comparación con un sistema de memorización más rígido o con una lista impresa es que puedes sencillamente recorrer los pasillos tomando lo que necesitas en vez de tener que volver sobre tus pasos mientras los artículos son reclamados en orden. Por ejemplo, una vez que has examinado la lista, tu cerebro generará señales relacionadas con un frasco de mayonesa, carnes frías, pastas, etcétera. "Estas cosas destacarán por sí solas en el estante, en comparación con aquellas que tu cerebro no 'predijo'", dice Bar.

en el recuerdo de partidas anteriores. Recordar el rara vez usado gambito de rey en el Montreal International en 2007, por ejemplo, le permitió prever el movimiento inicial de su adversario y la serie de movimientos que vino después, con lo que defendió perfectamente su posición e ideó el contrataque que le dio la victoria.

En muchos sentidos, el don de la predicción es la contribución más importante de la memoria al éxito. Aunque almacenar información en la memoria puede hacer la vida menos frustrante y más productiva, reduciendo el tiempo que dedicas a buscar las llaves del coche o evitándote viajes extra al supermercado para comprar la leche que olvidaste, eso no va más allá del simple mantenimiento de información. La ventaja de poder ver seis movimientos por adelantado, ya sea en un tablero o en la vida, es que consideras las consecuencias de tus posibles actos y ajustas tu estrategia en consecuencia.

Volver duraderos los recuerdos

Algunos recuerdos se incrustan como rocas en tu cerebro, mientras que otros se desvanecen como acuarelas. La memoria duradera es particularmente útil para recordar listas, nombres y números telefónicos. El cerebro de un triunfador capitaliza medios para reafirmar deliberadamente las huellas mnemotécnicas de información importante con objeto de cerciorarse de que podrá recuperarla de modo eficiente cuando más la necesite.

Una manera de afianzar la naturaleza de la memoria y dejarla a prueba de olvidos es vincularla con algo que ya se conoce. La investigadora de la memoria de la Boston University, Elizabeth Kensinger, nos explicó que el modo de procesar inicialmente la información puede influir en la probabilidad de que se le almacene en un formato más perdurable. "Cuando información nueva es relacionada con conocimientos ya existentes o cuando te concentras en el significado de esa información", nos dijo, "es más probable que la retengas."

Kensinger señala que este viaje mental a los rincones de tu mente funciona gracias a las regiones específicas de la corteza prefrontal implicadas, áreas particularmente activas durante el pensamiento flexible que te permite asociar el significado de cierta información con algo que ya conoces. "Cuando involucras a estas regiones, hay más probabilidades de que codifiques firmemente la información", explica Kensinger. En 2009, dos equipos de investigación, uno en Japón dirigido por Yumiko Kondo, y otro en Gran Bretaña encabezado por Daniel Bor, confirmaron esto en estudios con IRMF independientes.

La práctica es otra vía para incrementar la firmeza de un recuerdo. Aunque la novedad es importante para formar un cerebro más prospectivo, la repetición también es relevante, en especial para información rutinizada y si necesitas invocar la rutina bajo presión. La práctica permite al cerebro gastar menos energía al recuperar y procesar información crítica, y es capaz de hacerlo de manera más rápida y automática.

Esto se aplica, por supuesto, al bombero veterano John Morabito en la mañana del 11 de septiembre de 2001, cuando terroristas estrellaron

La técnica del trayecto

Aunque deliberadamente hemos evitado bombardearte con trucos estándar para la memoria, un medio muy eficaz para anclar un recuerdo es un método usado por los antiguos griegos, llamado *técnica del trayecto* o *método de lugares*. Empieza imaginando un trayecto conocido, y coloca a lo largo de la ruta imágenes asociadas con la información que deseas memorizar. Cuando quieras recordar esta información, te bastará con hacer ese mismo recorrido mental y "recoger" todo lo que pusiste ahí.

Por ejemplo, puedes convertir números en imágenes semejantes a su forma: el número uno sería una vela, el dos una serpiente, el tres las jorobas de un camello, etcétera. Para recordar la clave bancaria personal 1580, podrías imaginar que entras a un banco portando una vela (1), te formas detrás de un caballito de mar (5) y ves a un muñeco de nieve (8) lanzar un balón de futbol americano (0) sobre el mostrador.

dos aviones contra las torres del World Trade Center. Morabito acababa de iniciar su turno en la Ladder 10, la estación de bomberos más cercana a las torres, cuando se estrelló el primer avión. Mientras corría hacia los edificios en llamas y después se alejaba de ellos justo segundos antes de que se desplomaran, recuerda haberse sentido sobrecogido de emoción. Pero Morabito tiene el cerebro de un triunfador, y es posiblemente un superhéroe. Al mismo tiempo que cuerpos y escombros caían a su alrededor, él pudo salvarse y salvar a cientos de personas más. Apoyarse en habilidades y capacidades aprendidas a través de la experiencia y de una amplia capacitación le permitió concentrarse y mantener la calma.

Los bomberos de Nueva York reciben más de 600 horas de capacitación y son sometidos a un sinnúmero de exámenes por escrito antes de ser admitidos en el puesto. Cuando enfrentan su primer incendio, han practicado tanto lo que deben hacer y esto ha arraigado tanto en ellos que prácticamente podrían realizarlo dormidos. Aun los bomberos inexpertos ya son "experimentados", y entre más tiempo permanecen en su puesto, más experiencia y capacitación reciben. Lo mismo ocurre con agentes del FBI como Keith (650 horas de capacitación), pilotos como Geoff Billingsley (hasta 2,000 horas de capacitación), los médicos (un promedio de 11 años de formación) y muchos otros practicantes de profesiones que exigen trabajar bajo presión. Según estudios con IRMF en la University of California, en Los Ángeles (UCLA), dirigidos por Russell Poldrack, cuanto más amplia es la práctica, más automática la tarea, porque aquélla reduce la necesidad de control deliberado del desempeño por la corteza prefrontal lateral e incrementa la actividad en regiones de los ganglios basales, estructura subcortical decisivamente implicada en la adquisición de habilidades relacionadas con la capacitación.

Asimismo, nadie ha dicho jamás que un recuerdo debe remitir necesariamente a un hecho real para que adquieras práctica. Cuando estaba en entrenamiento, Geoff Billingsley se sentaba en una silla, con un destapacaños entre las piernas, fingiendo volar una aeronave de verdad. Acumuló cientos de horas de vuelo de entrenamiento fijo antes de poner el pie en una cabina. La primera vez que voló, muchos de los controles y comandos básicos eran ya como una segunda naturaleza para él, pese al hecho de que en realidad nunca antes hubiera pilotado un avión.

Una experiencia simulada en la mente puede ser a veces tan útil como una real. Concibe esto como un ensayo mental del hecho real, en el que puedes hacer todas las repeticiones que quieras sin las consecuencias de cometer errores. Comienza por cerrar los ojos y visualiza el escenario que quieres ensayar. Supongamos que estás a punto de asistir a una entrevista de trabajo. Recorre todas las posibilidades de lo que podría marchar bien y de lo que podría marchar mal. Intenta comprometer todos tus sentidos, no sólo la vista o el oído. Aunque Bar afirma que los escenarios imaginarios no son tan eficaces como las experiencias de la vida real, puedes aproximarte a esa eficacia, y mejorarás con la práctica.

Un tercer modo de volver más duraderos los recuerdos es generarlos en circunstancias sumamente emotivas. Kensinger y el experto en memoria de Harvard, Dan Schacter, hicieron en 2006 un sondeo entre los aficionados de los Yankees y los Red Sox, y descubrieron que quienes juzgaban muy positiva o muy negativamente el resultado de la final de 2004 de la American League (que ganaron los Sox) tenían más probabilidades de recordar detalles específicos del partido y sus circunstancias propias, que aquellos que no se involucraron tanto, pese a lo cual sus recuerdos no eran más certeros que los de los admiradores tranquilos. Esta investigación converge con el estudio clásico de otros dos psicólogos de Harvard, Roger Brown y James Kulik, en lo que éstos denominaron recuerdos de *flash*, así llamados a causa de la muy detallada impresión –de instantánea detenida en el tiempo– que tienden a dejar sucesos sorpresivos, emocionalmente excitantes o personalmente significativos por cualquier otra razón. Brown y Kulik descubrieron que hechos de este tipo solían ser recordados con claridad distintiva, incluso mucho tiempo después de ocurridos. Ya sea que los detalles se refieran a un partido memorable o, como en el caso de la investigación de Brown o Kulik, a lo que los participantes recuerdan de cuando se enteraron de que el presidente John F. Kennedy había sido asesinado, estos estudios demuestran que experiencias de alto contenido emocional tienden a recordarse mejor que sucesos emocionalmente neutros.

Los recuerdos del 11 de septiembre de 2001 de John Morabito son otro buen ejemplo de este fenómeno; son tan claros como lo era el cielo antes de que el humo y el fuego lo oscurecieran. Morabito recuerda detalles como el color de cabello de una mujer a la que salvó, una expresión en el rostro de su capitán y la temperatura del agua que bebía cuando levantó la mirada y vio a su hermano, también bombero, cinco horas después de que se le hubiera reportado como desaparecido y quizá muerto. Tal vez más dolorosa sea su descripción de lo que ocurrió inmediatamente después de que las torres se vinieron abajo. "Fue como

La práctica hace una memoria perfecta

Si tienes que recordar una secuencia particular de información –ya sea porque debas usarla con frecuencia o porque es muy importante ejecutarla del modo correcto–, ejercítala hasta que puedas realizarla en forma automática. Esto es especialmente cierto si se espera que actúes bajo estrés. Por ejemplo, ¿qué es más estresante (en el buen sentido) que una boda? Es común que se hagan varios ensayos generales días antes del gran evento, en los que los invitados practiquen su recorrido por el pasillo para memorizar el orden en que debe entrar cada uno, dónde pararse y qué decir. Todo esto para reducir el riesgo de que una novia nerviosa tropiece y caiga o de que un novio inquieto olvide sus votos. De ser posible, practica la tarea en el mismo lugar (o semejante) donde la ejecutarás; si no, la visualización también puede ser muy eficaz para prepararte.

un invierno nuclear, con humo y polvo por todas partes. El cielo y el aire sencillamente desaparecieron", dice. Su estado emocional alterado provocó que sus recuerdos se imprimieran hondamente en su memoria. Es probable que no recuerde la temperatura de ningún otro vaso de agua que bebió en esa década.

De estos tres métodos; sin embargo, el de inyectar emoción en una situación es quizá el medio menos confiable de crear recuerdos duraderos, ya que ni siquiera la persona con mayor equilibrio emocional controla siempre lo que siente al momento en que se forma un recuerdo. Lo mencionamos aquí para que sepas el profundo efecto que la emoción ejerce en la memoria. Entre mayor sea la carga emocional del momento (en especial cuando la emoción es de estrés o de miedo), mayor será también su efecto en la memoria. Como demostró la encuesta entre admiradores deportivos de Kensinger y Schacter, los sujetos más emocionados eran también los más categóricos en sus recuerdos, aunque no necesariamente más certeros que los sujetos menos emocionados. El cerebro de los triunfadores ciertamente no es inmune a este fenómeno, pero está más consciente de que éste puede ser el caso.

SIGUE LA SEÑAL

En 2007, un equipo de científicos encabezado por Susan Cook, de la University of Rochester, buscaba la manera de ayudar a chicos de educación media a aprender complicados conceptos de álgebra cuando se le ocurrió un simple recurso mnemotécnico: señalar.

Más de 90% de los alumnos que habían hecho señas al aprender un problema algebraico lo recordaban tres semanas después, lo hubieran repasado verbalmente o no, contra apenas 33% de los alumnos que se limitaron a referir verbalmente la solución. Los investigadores especularon que hacer señas vuelve más duraderos los recuerdos porque explota la necesidad humana de experimentar, capitalizando nuestro deseo de interactuar con el entorno.

Aunque se necesitan más investigaciones para comprender por qué y qué partes del cerebro se aferran a señas y las asocian con recuerdos, sospechamos que esta teoría tiene méritos con base en nuestras entrevistas con tantos triunfadores cuyos recuerdos y cerebros trabajan muy de cerca. Laura Linney nos dijo que la forma en que usa su cuerpo es tan importante como las palabras que dice para producir un personaje memorable. Y Phyllis Diller asegura que su lenguaje corporal transmite el sentido de un chiste tanto como el chiste mismo. Estudia para ti cuáles de los gestos que usas parecen tener el impacto más poderoso.

Olvídalo

Aunque crear recuerdos sólidos como una roca es una habilidad importante del cerebro del triunfador, Kensinger refiere que atenuar algunos recuerdos es igualmente importante. "Es probable que la selectividad nos facilite evocar recuerdos relevantes para nuestras ideas y actos presentes, sin tener que hurgar entre un revoltijo mucho menos útil en nuestro cerebro", nos dijo.

Un estudio con IRMF dirigido en 2008 por el investigador de Nueva Jersey, Glenn R. Wylie, demostró que ese olvido intencional da resultado; los científicos hallaron menos evidencias de que objetos mostrados en una sesión se hubieran codificado en recuerdos en el caso de objetos que se quisieron olvidar que en aquellos que se intentaron recordar. Los resultados de este estudio indican asimismo que el resuelto olvido de algo recluta regiones frontales asociadas con el control de los pensamientos, y muestra también una mejor señal al hipocampo que en casos estándar de olvido pasivo.

¿Qué es *déjà vu*?

Cualquiera que haya tenido un *déjà vu* conoce la sensación ligeramente desagradable de que la historia se repite. Ésta es una de las sensaciones más extrañas que una persona pueda tener.

¿Cuál es la causa de que regreses a un pasado que en realidad no sucedió? Nadie lo sabe a ciencia cierta, pero la explicación más verosímil parece ser una confusión en el procesamiento de recuerdos en tu cerebro; cuando ciertas partes de una situación nueva son muy similares a alguna experiencia anterior, la fluidez con que el cerebro procesa los elementos relevantes parece incitar intensas sensaciones de familiaridad. La experiencia resultante puede hacerte sentir que has ido a dar a la película: *Groundhog Day* (El hechizo del tiempo).

Diez por ciento de la gente dice experimentar a menudo episodios de *déjà vu*, pero el mismo porcentaje reporta no haberlos tenido jamás.

Edita tu cerebro

Puedes activa y conscientemente depurar de tu cerebro información que no necesitas. Imagina una escoba que barre información inútil, como las respuestas de un examen o un antiguo número telefónico. Cada vez que esa información aparezca en tu cabeza, toma tu recogedor mental y échala a la basura. O bien, elimina desde el principio la información inservible, así como separas la grasa de la carne antes de cocerla. Si aprendes a reconocer de antemano la información que no necesitas, puedes descartarla de inmediato, a fin de concentrarte en la información sustantiva.

La mayoría de nosotros tiene su primer encuentro de ese tipo a los 8 o 9 años de edad, y casi todos son más susceptibles cuando están estresados o cansados. Al crecer, tiendes a seguir menos viajes falsos por el carril de la memoria, aunque cualquier cosa puede detonarlos. La mera lectura de estas palabras, por ejemplo... Aguarda, ¿no habías leído ya esto?

Este capítulo mostró que el cerebro está configurado para maximizar el desempeño futuro con base en la experiencia pasada y que también muchos otros factores de triunfo (como el equilibrio emocional y la concentración) están implicados en este proceso. La función más importante de la memoria es ayudarte a hacer predicciones del futuro para que llegues a conclusiones atinadas sobre cómo alcanzar mejor tus metas. Experiencias nuevas pueden acentuar el impacto de tu memoria al dar a los mecanismos neuronales subyacentes más información de la cual valerse para tomar decisiones en el futuro. A continuación trataremos: cómo enfrenta la adversidad el cerebro de un triunfador, y cómo el hecho de volverte más resistente te puede ayudar a recuperarte de los tropiezos de la vida.

FACTOR DE TRIUNFO # 6

Resiliencia

Recuperarse y resistir para alcanzar el éxito

RESILIENCIA

El arte del aguante: el cerebro de un triunfador se recupera de los retos de la vida haciendo frente a deficiencias, errores y fracasos, sean autogenerados o producto de las circunstancias. Los triunfadores reformulan los fracasos para que trabajen en su beneficio, y saben que cuando las cosas no salen como se planearon, el viaje no necesariamente ha llegado a su fin, y que de hecho el fracaso suele esconder una nueva oportunidad.

Aumenta tu capacidad intelectual: Usa tus herramientas: el acelerador de esfuerzos, el láser de metas y el medidor de talento. Tener buena resiliencia y poder de recuperación mantiene en marcha tu acelerador de esfuerzos aun si el camino se complica. Resistencia también significa no renunciar a tus metas cuando sufres un revés, ni dudar de tu talento si no siempre consigues lo que quieres.

Nadie avanza por la vida sin tropezar con algunos retos. En la mayoría de los casos, tenemos que hacer frente a topes menores. Pero sucesos como un divorcio turbulento o la ruina financiera pueden resultar escollos mayores. La capacidad para recuperarse de lo malo y seguir adelante con la frente en alto es un rasgo que llamamos "resiliencia". Poseer una resiliencia firme es una estrategia clave del cerebro del triufador.

Escucha lo que nos dijo Whoopi Goldberg, la "Reina de la resiliencia", sobre cómo recuperarse de una desgracia: "Te dices a ti mismo que lo que te ocurrió fue grave, ¿pero y eso qué? ¿Es tan grave que no me puedo levantar? ¿Tan grave que todo lo demás no importa? Cuando los periódicos se la pasan hablando mal de ti, podrías quedarte en la cama el día entero. Yo tomé la decisión de levantarme y seguir a como diera lugar."

Hija de madre soltera, Goldberg creció en la pobreza en una unidad habitacional de Nueva York. Ha pasado por tres divorcios, el embarazo de su hija adolescente y más golpes y fracasos, demasiado publicitados, de los que puede contar. Se habla de tú con la adversidad, pero parece salir relativamente ilesa de cada tormenta, y sin perder la calma. Atribuye esta maravillosa capacidad de recuperación a su madre, quien le enseñó a no rendirse y desfallecer frente a una crisis: "Si lo haces eres mujer muerta. Así de sencillo", nos dijo en su estilo muy peculiar, sarcástico y rotundo.

Tiene razón. La capacidad de recuperación es una de las lecciones de la vida que se *pueden* aprender sobre la marcha. Aunque algunos de sus aspectos están integrados al cerebro desde el principio, la ciencia que emerge en la actualidad nos dice que también puede desarrollarse. Enfrentar la adversidad es algo que puedes practicar intencionalmente y en lo que puedes mejorar.

Observa cómo resiste tu cerebro

Si sorprendieras al cerebro de alguien en el acto de experimentar la adversidad, verías actividad intensa en tres lugares primarios (¡y para este momento ya muy conocidos!): la amígdala, la ínsula y la corteza cingulada anterior. La amígdala se oculta en el lóbulo temporal a cada lado del cerebro. Junto con otras partes del sistema límbico, es responsable de la mayoría de nuestras respuestas emocionales primordiales, como felicidad, temor y repugnancia. La ínsula, pese a pertenecer a la corteza cerebral, más recientemente evolucionada e infinitamente más racional, es un factor importante en muchas de nuestras reacciones viscerales. Agradece a la ínsula tu sensación de asco la próxima vez que encuentres un pollo echado a perder en el fondo de tu refrigerador. La corteza cingulada anterior es una región central en el lóbulo frontal. Interviene en muchos rasgos del cerebro del triunfador; en el caso de la resiliencia, su papel es detectar errores y conflictos y ayudar a otras áreas cerebrales a regular tu respuesta emocional a ellos.

Cuando el cerebro percibe que las cosas no marchan del todo bien, empiezan a salir chispas de esas tres áreas. En experimentos recientes con imagen por resonancia magnética funcional (IRMF) se ha visto desenvolverse este fenómeno, de modo que sabemos que así es como reaccionan al fracaso prácticamente todos los cerebros de funcionamiento normal. Es lo que sucede después lo que distingue al cerebro del triunfador del cerebro promedio.

Un estudio realizado en 2008 por Christian Waugh y colegas, de la University of Michigan, fue uno de los primeros en obtener detalles de cómo emerge la capacidad de recuperación en el cerebro. Los científicos comenzaron por administrar una serie de pruebas psicológicos a voluntarios, con objeto de clasificarlos como personas de alta o baja resistencia a la adversidad. Después proyectaron un conjunto de imágenes en una pantalla de video, y en el escáner de IRM midieron la actividad cerebral de los sujetos. Les interesaba en particular ver qué ocurría cuando se exponía a los individuos a imágenes de cosas que producían asco, como excusados desbordantes y comida descompuesta (imágenes de investigación estándar que, por cierto, han provocado náuseas a más de un científico al seleccionarlas para su uso). Antes de ver cada una, los sujetos recibían una pista que les anunciaba la posibilidad de ver una imagen repugnante o una neutra.

Como era de esperar, e independientemente de la calificación de resiliencia, los centros de crisis en el cerebro de todos los sujetos se aceleraban cada vez que las pistas indicaban la posibilidad de que fueran sometidos a una imagen repugnante. Pero los de alta y baja resiliencia reaccionaban de manera distinta cuando, al final, la imagen resultaba ser neutra. Los sujetos de alta resiliencia se desconectaban de esos centros de emociones, en especial de la ínsula, mientras que los de baja resiliencia permanecían inquietos, a causa de una activación prolongada de esas regiones. Esto significa sencillamente que los cerebros resistentes a la adversidad fueron capaces de moderar su reacción emocional después de una posible amenaza y de recuperarse pronto cuando todo resultó marchar bien. Los cerebros no resistentes no pudieron aminorar su actividad, en particular en la reactiva ínsula, aun cuando no se materializó ninguna amenaza.

¿Esto quiere decir que si hoy tu cerebro es de baja resiliencia, a la adversidad estás condenado a la parálisis o a deleitarte en la autocompasión cada vez que sufras un revés? No. Mediante la práctica, puedes controlar tu actividad cerebral para modificar tu reacción a la decepción y el fracaso. Esto es lo que Andrea Caria y colegas descubrieron en su estudio de 2007 cuando usaron escaneos de IRMF en tiempo real para mostrar a participantes en Tübingen, Alemania, cómo respondía su cerebro a la comisión de un error en una tarea. Viendo su actividad cerebral en el momento mismo en que cometían un error, los sujetos aprendieron el arte del control insular —y por lo tanto del control emocional— en sólo tres sesiones de cuatro minutos. Con base en este tipo de investigación de vanguardia y en nuestra experiencia clínica, creemos que puedes elevar tu capacidad para sortear la adversidad y el fracaso usando las estrategias que describiremos en este capítulo, sin importar cómo hayas reaccionado a la desgracia en el pasado.

Aprende a jugar contra las probabilidades

Suzanne Schlosberg probó muchas maneras de conocer hombres antes de casarse, en 2003. Probó incluso las citas rápidas, el giro dado a fines del siglo XX a la antigua tradición de las casamenteras. Schlosberg describe cómo opera esto: "Te sientas en una sala grande y haces una ronda con veinte posibles pretendientes, platicando con cada uno de ellos durante alrededor de tres minutos antes de que pasen a otra mesa. Al final de cada 'cita', los dos marcan un formato para indicar si están interesados o no en volver a verse, y lo ideal es que termines la noche siendo compatible con al menos una persona."

En cierto sentido, la cita rápida se basa en el concepto de reducir tus expectativas. Toleras voluntariamente hasta 19 fracasos, con la esperanza de obtener un solo éxito. Ésta es una metáfora perfecta de cómo puedes fortificar tu resistencia al fracaso en la vida diaria. Piénsalo. Hasta los mejores bateadores sólo aciertan la tercera parte de las veces. El fumador promedio prueba dejar el cigarro ocho veces antes de realmente abandonar ese hábito. Pretendientes, bateadores y antiguos fumadores tienen éxito de todas maneras.

Los estudios confirman la eficacia de la resiliencia en este enfoque de cita rápida. Un estudio de Diego Pizzagalli, realizado en el Affective Neuroscience Laboratory de Harvard, sugiere que las personas tolerantes a errores exhiben menos actividad en la corteza cingulada anterior, la parte del cerebro responsable de monitorear conflictos entre diferentes señales cerebrales y procesadora de la relevancia de los sucesos emotivos, y que pueden pasar a su tarea siguiente con más facilidad que quienes toleran poco sus errores. De hecho, quienes se trastornan en exceso por los errores que cometen –es decir, por sus fracasos– pueden experimentar más síntomas de ansiedad y depresión que los demás.

Las oportunidades de la derrota

El fracaso es un indicador esperado en el camino al éxito. Fallar no significa que nunca podrás triunfar, sólo que no siempre se gana. Cuando practicas para prever y aceptar el fracaso sin miedo ni juicios, dejas abierta la puerta al éxito.

Un modo de enfrentar los errores se reduce a bloquearlos en tu mente. En la mayoría de los casos, un error no es un desastre, así que borrarlo de tu mente y redirigir de inmediato la atención a la siguiente tarea impedirá que lo magnifiques fuera de toda proporción. Si haces esto al presentar un examen, por ejemplo, evitarás el problema frecuente de permitir que el hecho de no saber una respuesta dé al traste con tu desempeño en todo el examen. Los estudios demuestran que el éxito de esta estrategia se refleja en sus efectos directos en la actividad de la temperamental corteza cingulada anterior.

Toma el timón

En 1954, el psicólogo Julian Rotter acuñó el término *"locus* de control" para referirse a la creencia común de lo que causa que en la vida ocurran cosas buenas y malas. Un *locus* interno de control refleja la idea de que eres dueño de tu propio destino; un *locus* externo de control refleja justo lo contrario. Los exterioristas piensan que los cosas suceden porque así lo manda una fuerza externa —como el entorno, otra persona o un poder superior—, y que es muy poco lo que ellos pueden hacer al respecto.

Cuando, como Trisha Meili, tienes un *locus* interno de control, "tomas el timón" de la vida. Mientras Meili se recuperaba del terrible ataque que sufrió en Central Park, las noticias decían que mejoraría en uno o dos años, pero que después llegaría a un estado de estancamiento y probablemente jamás podría volver a valerse por sí misma.

165

Elige tu perspectiva

Si eres miembro activo del club del *locus* externo de control, puedes cambiar tu visión del mundo aceptando ese hecho, y comprometiéndote después con la idea de que tienes un papel activo en la determinación de tu destino. Esto no siempre es fácil, y Rotter ha aconsejado a cientos de exterioristas trabajar primero con las pequeñas cosas que se dicen que no pueden cambiar, pero que en realidad sí pueden hacerlo. Por ejemplo, si no tienes trabajo, puedes sentarte a esperar a que suene el teléfono o salir a la calle a entregar personalmente tu currículum a posibles empleadores. Obviamente, el enfoque proactivo interno de la búsqueda de empleo tiene más probabilidades de éxito que el enfoque pasivo externo, pero es común que los exterioristas no pueden imaginarse dando esos pasos.

Una vez que obtienes seguridad con actos menores de control, puedes proponerte enfrentar gradualmente desafíos mayores con una actitud más responsable. Concibe el fracaso como un trampolín: cada vez que te recuperas, ganas más impulso. El siguiente rebote podría llevarte al éxito.

Cuando Meili oyó esos reportes, recuerda que pensó: "No me subestimen." Y les demostró a todos, por supuesto, que estaban equivocados. Se recuperó por completo, y ha hecho una inspiradora carrera como oradora motivacional que transmite lo que ella llama: "un mensaje de esperanza y posibilidades". Meili nos contó que tan pronto como superó seis semanas en coma y desvarío, decidió reclamar su vida, negándose a ser víctima de un pasado que no podía cambiar.

Meili no sabe si siempre fue tan resuelta, pero cree que su tragedia le dio enorme fe en sí misma y en su capacidad para triunfar. Rotter definiría esto como una mentalidad clásica de *locus* interno de control.

"Los interioristas se recuperan porque así lo esperan", nos dijo él. "Los exterioristas no dejan de mirar atrás. Culpan de todo a la suerte. Y a la larga renuncian, porque les parece demasiado difícil continuar."

Tu desempeño nunca podrá ser mejor que tu concepto de ti mismo

"Mi gorda suegra fue a ver al doctor con un dolor en el seno izquierdo. [...] Resultó que era una broma de su rodilla." La comediante pionera Phyllis Diller nos contó este chiste para ilustrar cierto asunto.

Lo contaba noche tras noche, y no era bien recibido. Pero pese a ser una joven comediante al inicio de su carrera, Diller tenía una enorme seguridad y un sólido concepto de sí misma. Una artista cobarde habría omitido ese cuento, pero ella *sabía* que era divertido. (Admite que te reíste.) "Luego de unas cuantas funciones, me di cuenta de que estaba muy cerca de otros chistes sobre la gordura, así que lo junté con chistes sobre comida y fue arrollador", nos relató, en medio de su inconfundible risa entrecortada.

Diller sabía por intuición que tenía mucho que aprender de sus actuaciones fallidas. En vez de escabullirse del escenario con la cola entre las patas, mantenía su concentración y optimismo. Siguió retocando su acto hasta que sintió que por fin lo ejecutaba como debía, y entonces el público respondió. Obtuvo su doctorado en fracasos estudiando y diseccionando sus tropiezos, a fin de identificar los elementos que funcionaban y los que no. Aprendió que a veces hay que salir de la zona de confort propia y estar dispuesto a que el ego se lleve un par de golpes para poder alcanzar las metas que uno se ha fijado. Tú también puedes hacer esto.

Las personas de éxito son capaces de bajar la velocidad luego de haber cometido un error, apenas lo suficiente para cambiar su conducta y evitar otro tropiezo. En estudios realizados por Michael Robinson en North Dakota State University, esta capacidad para poner freno al fracaso tras cometer un error –o, para decirlo de otra manera, para pisar el

167

acelerador cuando se está en lo correcto– se asoció con una capacidad superior para comprender los motivos propios y experimentar satisfacción y bienestar en un nivel más alto.

Así que luego de un traspiés o de que sufras un revés personal, mete freno un momento, respira hondo y haz un esfuerzo consciente por descubrir la fuente de tu error. Una vez que la encuentres, ajusta tu conducta, deja tu error en el pasado ¡y sigue adelante!

Busca un modelo a seguir en los fracasos

Para combinar metáforas, las personas de éxito no huyen del barco antes de que éste se hunda. Este libro contiene abundantes ejemplos de individuos que pasaron por muchos fracasos antes de cumplir sus metas. Personas como Elizabeth Hudson, a quien conociste en el capítulo sobre la conciencia de sí. Ella fue capaz de abandonar una vida de drogadicción y prostitución para convertirse en madre, así como en una autora notable. Whoopi Goldberg y B. B. King crecieron en la pobreza y el prejuicio, pero aun así pudieron forjarse una carrera increíblemente exitosa como artistas. Concibe a estas personas como modelos de resistencia ante la adversidad.

Los modelos de capacidad de recuperación demuestran lo común que es hallar obstáculos en el camino hacia el éxito. Es probable que no tengas que pensar mucho para dar con modelos de resistencia que conozcas personalmente. Ya sea por intuición o por formación, estas personas ponen en práctica muchas de las técnicas que sugerimos en este capítulo para recuperarse de la adversidad.

En sesiones de terapia, el doctor Jeff Brown suele sugerir a sus pacientes con dificultades para superar una crisis que se pregunten qué consejo les daría su modelo. Esto da resultado gracias a la red de células cerebrales especializadas llamadas neuronas espejo, las cuales recorren diferentes partes del cerebro. Como mencionamos en el capítulo sobre la conciencia de sí, puedes concebir esas neuronas como las de: "los monos

Aprender de los errores ajenos

La próxima vez que te veas en un aprieto, pregúntate: "¿Qué haría mi profesor, jefe, padre o héroe de acción favorito?". Identificando un modelo de resiliencia ante la adversidad, podrás valerte de algo más que tus ideas y recursos. Busca una mano amiga. O la compañía de personas que tengan algo en común, como medio para encontrar modelos de resiliencia. Puedes hallar fortaleza y apoyo si oyes las historias de lucha de quienes han fallado en sus metas y luego han continuado adelante hasta lograr el éxito.

ven, los monos hacen", por su capacidad para realizar una especie de imitación interna de otras personas, ayudándote así a comprender mejor las acciones, intenciones y emociones ajenas. Cuando ves sonreír a alguien, tus neuronas espejo de la sonrisa se ponen en marcha, iniciando una cascada de actividad neuronal que invoca los sentimientos habitualmente asociados con una sonrisa. Esto no supone un intento deliberado de sentir lo que el sonriente experimenta, porque tú lo sientes también de inmediato, sin el menor esfuerzo.

Recuerda que el pasado no es una cárcel

Los infantes de Marina estadunidenses tienen un dicho: "Si caes siete veces, levántate ocho." Este mantra podría aplicarse con facilidad a cualquier persona con un eficaz mecanismo para enfrentar el fracaso. Meili, por ejemplo, nos describió la primera vez que salió a correr tras la agresión que sufrió en Central Park. Un par de semanas después de abandonar su silla de ruedas, Nelson, el director de terapia física en el hospital donde ella se rehabilitaba, le pidió sumarse a un grupo de corredores discapacitados que se reunían los fines de semana.

No te rindas

Cuando la desgracia te muestre la cara, haz lo que sea para levantarte de nuevo. No te dejes apresar por las experiencias del pasado. Thomas Edison dijo: "Muchos fracasados son hombres que no se dieron cuenta de lo cerca que estaban del éxito cuando se dieron por vencidos."

Recuerdo que esa húmeda y calurosa mañana de sábado comenzamos con algo quizá no mucho más rápido que caminar. La "pista" era un circuito de quinientos metros que cruzaba el estacionamiento del hospital, así que al llegar al final de ese pequeño circuito había un montículo, una pendiente apenas, que para mí era como el Monte Everest, de manera que me puse algo inquieta. Pero Nelson me sujetó y terminamos el recorrido. Si tuviera ese momento en cinta de video, tal vez me moriría de vergüenza, ¡pero fue tan agradable! Sentí que había conquistado el mundo.

Obviamente Meili había dejado de ser una atleta consumada, pero tenía una noción muy clara de lo que podía hacer en ese instante. Se dio cuenta de que la agresión y sus limitaciones subsecuentes no tenían por qué definir su futuro. Hizo todo lo posible por volver al juego sin aferrarse a lo que ya no podía hacer.

Busca una perspectiva consoladora

En octubre de 1945, el padre y un sobrino de 3 años de Andrew Wyeth murieron arrollados por un tren luego de que su coche se atascó en las vías, cerca de su casa. Considerado uno de los grandes artistas estadunidenses de nuestro tiempo, Wyeth era muy cercano a su padre, N. C. Wyeth, uno de los grandes ilustradores de su época. "Su muerte me sacudió", recordó vívidamente el artista. "Fue un momento decisivo en mi carrera." Nos entrevistamos con él cuando tenía 91 años de edad, poco antes de su deceso; fue una de sus últimas entrevistas, y nos honra haber conversado con alguien con un cerebro de triunfador tan experimentado.

Wyeth sintió que debía probar que lo que su padre le había enseñado realmente significaba algo para él, así que, nos dijo, se valió de todos los recursos posibles: "Eso me dio una verdadera razón para pintar, y no sólo escenas bonitas, sino la médula emocional de lo que yo sentía por la pérdida de mi padre y mi soledad. […] Ya no era una cosa técnica; se volvió algo fuertemente emocional." Si estudias la obra de Wyeth antes y después de la muerte de su padre, notarás una marcada transición en su estilo pictórico.

Una tragedia como la muerte de un ser querido es evidentemente un revés. Es algo que puede pararte en seco e impedirte seguir adelante. Resulta imposible restar importancia a un hecho así, pero lo que Wyeth

Reformula un fracaso para encontrar su beneficio, aun si es sólo una minucia. Como se dijo en el capítulo sobre el equilibrio emocional, Sarah Banks y colegas han brindado evidencias de IRMF de que el acto consciente de dar un giro positivo a las cosas modifica los patrones de actividad cerebral, implicando específicamente a áreas de la corteza prefrontal, lo que atenúa a su vez, la respuesta de la amígdala. Reformuladores consumados como Wyeth y Meili parecen ser capaces de dominar su amígdala, y por lo tanto, los pensamientos negativos, a fin de traducir hasta las circunstancias más difíciles en un reto afirmativo. Ésta es una verdadera habilidad del cerebro del triunfador. Y no necesitas un escaneo cerebral para probar lo bien que funciona.

hizo con su sufrimiento fue notable, y una lección para todos nosotros. Descubrió la perspectiva consoladora en una nube muy oscura, y en vez de paralizarse por su dolor, lo superó en forma productiva, poderosamente positiva.

Cuando todo lo demás falla, haz una pausa

¿Alguna vez has batallado mucho tiempo con un problema, sólo para salir a caminar y ver brotar de pronto la solución de tu cabeza? Como te diría cualquier científico o matemático, o cualquier persona que se las ve todos los días con asuntos complejos, los momentos de eureka nacidos de la incubación de una idea son un fenómeno muy real.

Un estudio efectuado en 2008 por Chen-Bo Zhong, de la University of Toronto, y colegas descubrió que hacer algo habitual, como dar un paseo, lavar los trastes o tomar una siesta, te permite acceder inconscientemente a información periférica que tu cerebro quizá no considera de inmediato en un intenso estado de concentración. Esto suele dar mejor resultado cuando se busca una solución a problemas complejos como la mejor disposición de asientos para parientes en disputa en tu boda, o a una situación financiera enrevesada, que a problemas sencillos como dónde cenar o qué color de camisa ponerse. Y nosotros especulamos que ver televisión puede ser demasiado anestesiante para permitir el que "eso es" salga de tu cerebro.

Distraerte un momento también puede aumentar tu resiliencia a la adversidad, porque logra que tu atareado cerebro haga algo más que prepararse para el desastre. Por ejemplo, una investigación llevada a cabo en Winnipeg, Canadá, demostró que aun la experiencia de dolor puede reducirse, junto con la actividad correspondiente en la corteza cingulada anterior, concentrándose en una tarea distinta o pensando resueltamente en otra cosa que no sea la fuente del dolor. Así, la próxima vez que te encuentres en una situación difícil, intenta concentrarte en cosas como la sensación de la silla contra tus piernas, el ruido sordo de tu estómago o el aire que entra y sale de tu nariz. La naturaleza competitiva de la actividad neuronal en la región cerebral provoca una concentración restringida: sencillamente no hay recursos suficientes para atenderlo todo, así que es un hecho que puedes dejar fuera de combate los procesos propios de la desgracia para concentrarte en algo más aparte del fracaso.

Whoopi Goldberg podrá ser un popular modelo de resiliencia, pero, como se demostró este capítulo, todos podemos beneficiarnos del fomento de este factor de triunfo. El cerebro de un triunfador está configurado para aprender del fracaso —¿y quién no ha tenido reveses?— y para tomar con calma esos desafíos, reformulándolos siempre que sea posible como oportunidades. Sobre todo, tus fracasos no te definen. Buscar lo bueno aun en lo malo puede conducirte a la resistente vida de un vencedor. En el capítulo que viene te diremos cómo la asombrosa habilidad del cerebro para adaptarse te da la oportunidad de convertir tu materia gris en el cerebro de un triunfador.

FACTOR DE TRIUNFO # 7

Adaptabilidad

Remodelar tu cerebro para ganar

ADAPTABILIDAD

La capacidad del triunfador para adaptarse a nuevas circunstancias es una característica definitoria del cerebro mismo.
Tu cerebro no cesa de cambiar. Los triunfadores aprovechan
estratégicamente este hecho, ajustando su cerebro para tener
éxito en todo momento.

Aumenta tu capacidad intelectual: Todas tus herramientas
de capacidad intelectual pueden transformarse y mejorar gracias al proceso de la neuroplasticidad.

En 2007, Spencer Kelly, periodista que trabajaba entonces en la página de internet y en el programa de televisión *Click* de la British Broadcasting Corporation (BBC), retó a uno de los mejores conductores de los taxis negros de Londres a un recorrido por la ciudad en competencia con un auto equipado con sistema de posicionamiento global (*global positioning system*, GPS). El GPS recibe señales de satélites que orbitan la Tierra para determinar tu ubicación exacta en el planeta, y luego te da instrucciones para llegar adonde quieras ir. El taxista sólo estaba equipado con su modesto cerebro humano, del que para este momento ya sabes un poco más.

Kelly y su GPS tomaron la delantera al inicio de la competencia, pasando por el primer control cinco minutos antes que el taxista. Pero cuando el trayecto llegó al complejo laberinto del centro de Londres, fue el fin del GPS. Pese a sus funciones de elusión de tráfico de alta tecnología, la ruta que eligió estaba sumamente congestionada, y plagada de altos. Mientras tanto, el taxi voló por calles laterales vacías, evitando hábilmente semáforos y salvando el tránsito. Para cuando el GPS llegó al control final –27 minutos después del taxi–, el taxista ya se estaba terminando su té.

Los taxistas de Londres tienen en principio el mismo cerebro básico de todas las personas, pero, como nos enteramos al conversar con varios de ellos, se capacitan mucho para obtener una memoria casi fotográfica de Londres, a la que reverentemente llaman "El conocimiento". "No se trata sólo de que seas bueno para manejar", nos dijo Simon, uno de los conductores, con su colorido acento *cockney* frente a un sándwich de queso a la parrilla en uno de los 13 sitios de taxis ubicados en y alrededor de esa ciudad. "También tienes que ser bueno para meter información a tu cabeza y mantenerla ahí."

Los "Chicos del conocimiento", como se conoce a los taxistas en formación, recorren Londres en motonetas durante más de tres años, con grandes mapas laminados que detallan cada rincón del caótico y abarrotado radio de casi diez kilómetros de la ciudad montados en sus parabrisas. Para obtener su insignia, deben aprobar un examen oral y otro de manejo, que cubren entre los dos más de 25,000 calles, 400 rutas o "líneas" y miles de lugares de interés como hoteles, hospitales, estatuas, teatros, parques y cementerios.

"Dividimos nuestros mapas en una cuadrícula, y una vez que memorizamos lo básico de un cuadro, aprendemos más y más sobre más de ellos, [...] no sólo los nombres de las calles, sino también qué casas tienen timbre, dónde están las rampas para discapacitados, qué caminos te llevarán más pronto, ese tipo de cosas", nos dijo Andy, otro taxista.

En esencia, estos conductores usan todos los trucos existentes para tener una buena memoria, aunque dependen en particular de la asociación, la repetición y lo que Andy llama información cruzada, consistente en que, sentados en cafeterías, los taxistas comparten sus secretos, como abejorros que transfirieran polen danzando en la colmena. Estos sujetos ilustran sin duda el factor de triunfo de la memoria. Pero son un ejemplo todavía más acabado del séptimo factor: la adaptabilidad. En el proceso de guardar toda esa información en su memoria, en realidad remodelan partes de su cerebro.

Cuando científicos encabezados por la profesora Eleanor Maguire, del University College de Londres, escanearon el cerebro de 16 taxistas londinenses, descubrieron que su hipocampo derecho eran notoriamente más grande que el del individuo promedio, en particular en su parte posterior. (El hipocampo, parte del lóbulo temporal medio, desempeña un papel relevante en la memoria y la dirección espacial. Se llama así por su forma curva, que recordó a los antiguos anatomistas la del caballito de mar; en griego, *hippos* significa "caballo" y *kampos*, "monstruo marino".) Además, mientras más tiempo llevaba un sujeto como taxista, más grande era su hipocampo. El hipocampo de los veteranos de 25 años de servicio estaba considerablemente más desarrollado que el de los novatos.

El GPS continúa mejorando, y quizá algún día tome su té antes de que llegue el taxista. Pero como lo demuestran los conductores de Londres, la tecnología actual no es todavía tan ágil como el sumamente adaptable, maravillosamente flexible cerebro humano. La capacidad para adaptar su modo de operación –y en algunos casos remozar su paisaje físico– es un rasgo que se conoce como plasticidad, una de las características más notables del cerebro. Los neurocientíficos creen que la neuroplasticidad es el reconocimiento biológico de que el mundo no es constante. Nosotros decimos que es, muy literalmente, el secreto mismo para moldear el cerebro de un triunfador, así como la columna vertebral de las sugerencias para el desarrollo del cerebro contenidas en este libro.

Adaptabilidad en acción

Al principio de este libro te presentamos a Stephen Harris. Él ha sido estrella de rock de fama mundial, pintor exitoso e instructor de escalada en roca, y hoy es un estudiante de medicina con beca completa en una escuela de prestigio. ¡Que le hablen a él de adaptabilidad!

"Cuando decido hacer algo, me fijo una meta, y a mi propia y tranquila manera sencillamente decido que eso va a ocurrir", nos dijo.

Harris, originario de una pequeña ciudad costera de Gales, es una de esas personas que evolucionan de manera constante. Como muchos otros triunfadores, a menudo ha cambiado de velocidad cuando las cosas van bien, simplemente porque ha sentido que era hora de hacerlo. Esto no quiere decir que sea un excéntrico. Ser a los 17 años de edad el bajista de *The Cult* –una de las bandas de rock más exitosas de fines de los años ochenta– requirió de él talento innato, sí, pero sobre todo miles de horas de practicar guitarra en el sótano de la casa de sus padres, manteniendo una singular concentración en su meta. "Mis amigos estaban afuera haciendo todo tipo de cosas, pero yo tenía una misión que cumplir", dice entre risas. "Era imposible que me disuadieran."

EL CEREBRO DEL TRIUNFADOR

La decisión de Harris de ser médico a los 36 años sucedió mientras vivía en Nueva York. Había decidido abandonar la música y ya se ganaba muy bien la vida como pintor e instructor de escalada, pero tras experimentar de primera mano las consecuencias de los ataques terroristas de 2001 contra el World Trade Center se dio cuenta de que su verdadera vocación era la medicina. "Iba a empezar con poco más que el bachillerato, en el que apenas si puse atención", admite. "Sabía arte y música, no bioquímica ni matemáticas, así que frente a mí se hallaban miles de horas de estudio antes de que pudiera hacer siquiera una solicitud a la escuela de medicina. Pero no me importó, porque era lo que quería hacer."

Aunque jamás se ha sometido a una imagen por resonancia magnética funcional (IRMF), no necesitamos un escáner para convencernos de que el cerebro de Harris se ha adaptado muy probablemente de diversas maneras, al igual que el de los taxistas, modificado a raíz de su capacitación. Esto se debe a que los ajustes que Harris hizo en sus actos, metas y vida son señales de su neuroflexibilidad.

El hecho es que el cerebro no cesa de cambiar. Además, muchos de esos cambios dependen de lo que nosotros hacemos con él. Si te sientas y te deprimes porque algo no salió como querías, esta mentalidad podría tener un efecto permanente en tu actividad cerebral. Si sigues amargándote día tras día, estos patrones podrían desembocar en cambios profundos en tus estructuras neuronales. (Estrés y depresión a largo plazo pueden causar, en efecto, que ciertas áreas del cerebro se encojan, en particular, el hipocampo.) Pero así como caer repetidamente en pensamientos y acciones negativos puede provocar alteraciones cerebrales indeseables, adoptar en forma decidida pensamientos y acciones positivos puede causar alteraciones beneficiosas. En consecuencia, puedes tomar el control de tu cerebro y examinar tu vida, como lo ha hecho Harris varias veces. Esto sólo es posible mediante un trabajo intencionado, que describiremos más adelante.

He aquí lo que verdaderamente distingue al cerebro de triunfadores como Harris: la disposición a hacer un esfuerzo. Los triunfadores toman el control de la neuroplasticidad haciendo intencionalmente los cambios que desean, y dan los pasos necesarios para pensar y actuar en formas que ajustan finamente su cerebro y les ayudan a alcanzar sus metas. Pueden hacer que lo difícil parezca fácil al responder fluidamente a los cambios que ocurren a su alrededor, aunque en realidad son como patos en el agua: tranquilos en la superficie, pero pataleando furiosamente abajo.

LA RELACIÓN ENTRE LAS MATEMÁTICAS Y LA MÚSICA

Quizá el paso de Harris del arte a la ciencia no sea tan extraño después de todo. Escaneos cerebrales practicados en 2007 por Vanessa Sluming y otros investigadores británicos demostraron que los músicos profesionales tienen una muy atareada área de Broca, minúscula sección del lóbulo frontal de la corteza cerebral que contribuye a la producción y comprensión del lenguaje. La educación musical y la práctica regular parecen alterar la organización de los circuitos cerebrales, lo que incrementa, a su vez, la capacidad intelectual general. A la inversa, en un reciente estudio turco dirigido por Kubilay Aydin, matemáticos que pasaban la mayor parte del tiempo reflexionando en problemas, mostraron mayor densidad cortical en regiones del lóbulo parietal. Estos genios no sólo son mejores en matemáticas, sino que también resultaron ser más creativos y mejores para interpretar objetos tridimensionales. El beneficio de esos efectos remanentes es claro: retar a tu cerebro con todo tipo de gimnasia mental puede fortalecer tus músculos cerebrales de la misma manera en que un paseo diario da más firmeza a tu cuerpo.

De qué está hecha la plasticidad

Los expertos creían que una vez concluida la infancia, el cerebro se volvía más o menos una entidad fija, y que sus diversas áreas se establecían en papeles definidos, incapaces de ser reclutadas para otros propósitos. Pero como demuestra el paso de Harris del arte a la medicina, el cerebro sigue siendo maleable a todo lo largo de la vida. Esto no quiere decir que algunos de sus aspectos no pierdan flexibilidad conforme se envejece, sino que algunas labores pueden ser redirigidas, al mismo tiempo que se mantienen ciertas capacidades. Por ejemplo, Ulrika Raue y colegas, de Ball State University, reportaron en 2009 que cuando sometieron a mujeres octogenarias a un programa de control de peso de tres meses de duración, descubrieron que su tamaño o tono muscular no aumentaba como en mujeres más jóvenes, pese a lo cual la fuerza de sus piernas se incrementó en un respetable 26%. Los investigadores concluyeron que esa fuerza extra dependía de la eficiencia con que el cerebro y sistema nervioso de esas mujeres era capaz de activar y sincronizar los músculos; en efecto, su cerebro se remodeló para remediar parte de la flacidez dejada por la menguante fuerza muscular.

Cada vez que piensas una idea, sientes una emoción o ejerces una conducta ocurre un cambio en tus neurocircuitos. Ciertamente no todas esas alteraciones pueden detectarse en un escaneo de imagen por resonancia magnética (IRM), porque no todas implican a suficientes neuronas localizadas en un periodo lo bastante largo. Pero aun una efímera liberación de neurotransmisores o un cambio temporal de actividad eléctrica resulta en algún tipo de plasticidad. Como señaló Bryan Kolb, profesor de neurociencias de la University of Lethbridge, en Canadá, cuando hablamos con él: "algunos cambios neuroplásticos ocurren en cuestión de milisegundos, pero es poco probable que hagan por sí mismos una contribución duradera. Cambios hondamente plásticos pueden tardar años".

Aun diminutos cambios físicos pueden ocasionar cambios sustanciales de pensamiento y conducta. En efecto, la mayoría de los cambios neuromaleables que tienen lugar en la edad adulta, aun los examinados en estudios cerebrales, son relativamente reducidos o podrían no aparecer en un escaneo, pues se distribuyen ampliamente en el cerebro, lo que vuelve difícil medirlos. La resolución de los escáneres de IRM más avanzados no es aún suficientemente potente para detectar varios millones de nuevas conexiones neuronales si éstas se han formado en muy diversas partes del cerebro.

¿Así que, qué es exactamente la plasticidad? En un nivel químico, el cerebro libera varios neurotransmisores en las sinapsis, las conexiones entre las neuronas. Los neurotransmisores están diseñados para responder de maneras diferentes a situaciones y entornos distintos. Cuando tú te sientas en la banca de un parque a relajarte, diferentes núcleos del bulbo raquídeo pueden bajar el nivel de la norepinefrina (el neurostransmisor que te ayuda a mantenerte alerta) y recompensarte con una dosis de serotonina, neurotransmisor que produce una sensación agradable. El resultado es un estado de ánimo sereno y feliz. A la inversa, si te sientas en esa banca a preocuparte por los millones de cosas que podrían marchar mal en tu día, esos cambios de sensación agradable se verán frustrados por tus glándulas suprarrenales, que liberarán una dosis de hidrocortisona para aumentar tu nivel de ansiedad.

Estos cambios químicos son relativamente transitorios, como lo son también los impulsos eléctricos asociados con ellos, pero si, al paso del tiempo, esas señales viajan con suficiente frecuencia por las mismas vías neuronales, la red de ramificaciones y puentes entre las sinapsis se vuelve más densa y compleja, y en ciertos casos también se forman neuronas nuevas. Toda esta nueva "materia gris" requiere energía, así que recluta un monto comparativamente grande de células de apoyo y mantenimiento, conocidas como células gliales o glía. Si tu cerebro genera un número suficiente de esas células de apoyo, el aumento de masa combinado aparece en la IRM en forma de cambios en grosor, volumen y/o densidad. Curiosamente, cuando los neurocientíficos reportan cambios en tamaño cortical en estudios con IRM, suelen referirse no sólo a neuronas operativas; también ven todas las células e infraestruc-

Ejercita tu mente

¿Cuánta meditación o yoga se necesita para causar cambios mensurables en el cerebro? Sara Lazar señala que no existen estudios sistemáticos que indiquen una cantidad exacta, pero cree que la mayoría de las personas derivarán beneficios si meditan unos minutos al día y añaden a ello una práctica más formal una vez a la semana. "Si tu mente corre sin cesar, el solo hecho de dedicar algo de tiempo a tomar conciencia de tu respiración o simplemente a contar diez respiraciones lentas te ayudará a serenarte", asegura. "Lo que en realidad haces es monitorear tus pensamientos y reacciones emocionales, lo que produce un mejor equilibrio emocional tanto como cambios cerebrales mensurables."

tura de apoyo necesarias para mantener a las neuronas en pleno funcionamiento.

Examinemos ahora dos escuelas de pensamiento que muestran el poder de la neuroflexibilidad.

La atención importa

Como dijimos en el capítulo sobre la conciencia de sí, un mayor conocimiento de uno mismo dota al cerebro del triunfador de la claridad interpersonal indispensable para comprender y generar empatía con los sentimientos de los demás. Y como dijimos también en el capítulo sobre el equilibrio emocional, el cerebro de los triunfadores está muy calificado para monitorear sus propios pensamientos y sentimientos, y manejar sus emociones en consecuencia. No es de sorprender entonces que estos positivos cambios de actitud y acción sean acompañados por cambios en el cerebro. Muy pocas personas comprenden mejor esto que Sara Lazar, neurocientífica y psicóloga de la Harvard Medical School

Lazar adoptó el yoga y la meditación cuando tenía veintitantos años a causa de una lesión al entrenar para el maratón de Boston, motivo por el cual quería hacer algo para aumentar su flexibilidad (la pesadilla de casi todos los que alguna vez se han puesto tenis). Inició entonces un curso de yoga, y en menos de un mes empezó a notar efectos que iban más allá de su nueva capacidad para tocarse los pies. "Eso influyó definitivamente en mi estado anímico y en mi forma de interactuar con la gente, e incluso en mi manera de ver la vida", recuerda.

Ganada por su curiosidad científica, comenzó a preguntarse si los cambios en su bienestar serían perdurables. Los efectos positivos al momento de meditar, como respiración, ondas cerebrales y ritmo cardiaco más lentos, estaban ampliamente documentados, pero Lazar tenía el presentimiento de que había algún efecto remanente más allá del tiempo que pasaba con los ojos cerrados sentada en un cojín. Quería saber si este efecto se traduciría directamente en cambios físicos en el cerebro. En sus subsecuentes años de estudio, descubrió que la respuesta es sí.

Las diversas investigaciones de Lazar muestran que la práctica regular de yoga y meditación incrementa el grosor cortical en apenas ocho semanas. Puesto que la corteza cerebral consta de columnas de neuronas especializadas, las cuales forman los circuitos funcionales que

Lazar también sugiere tomar más conciencia de lo que ocurre en tu mente para que puedas adquirir cierta distancia de tus pensamientos. "Si imaginas que tus pensamientos fluyen como el agua en un río, puedes alejarte de ellos y concentrarte en el tono emocional de fondo. Empezarás a distinguir patrones de emociones y acciones. Reconocer esos patrones es el primer paso para cambiarlos."

dan sustento a los procesos cognitivos, se cree que aumentos en el grosor cortical reflejan cambios en la densidad y disposición de las células a este respecto. En el caso de la meditación, las áreas particularmente afectadas son el hipocampo, lo que coincide con reportes personales de menos estrés; partes de la corteza insular implicadas en la conciencia sensitiva, lo que también tiene sentido dado que muchos tipos de meditación se centran en mejorar este rasgo, y partes de la corteza prefrontal asociada con, entre otras cosas, el control de la atención y juicio de uno mismo.

El más reciente estudio de Lazar demostró que unas cuantas semanas de experiencia de meditación bastan para detectar un aumento en el grosor de los núcleos del bulbo raquídeo responsables de la liberación de norepinefrina y serotonina, lo que le fue posible correlacionar con el reporte de participantes en ese estudio de más sensaciones de felicidad, bienestar y serenidad. "Creo que el aumento de serotonina es una de las razones principales de que el yoga tenga tan profundo efecto en la calidad de vida de tantas personas", señala.

Esto supone práctica, en especial si no se le complementa con entrenamiento formal, pero Lazar afirma que estas habilidades están a disposición de prácticamente cualquier persona si se les ejerce en forma sistemática. "Pese a que no existen datos duros sobre el tema, creo que una práctica más estructurada surte más efecto, aunque meditar unos cuantos minutos al día tendrá consecuencias en el resto de la vida y resultará en cambios en el cerebro", dice.

Mejor conducta cerebral

Existen muchas maneras de experimentar la neuroflexibilidad. En este capítulo conocimos a los taxistas de Londres y a Stephen Harris, triunfadores sumamente resueltos y conscientes de sí mismos que se las han arreglado para remodelar su cerebro con decisión y esfuerzo. Adeptos al yoga y a la meditación como Lazar han cambiado su cerebro usando técnicas que promueven la atención y el bienestar. De hecho, lo sepan o no, todas las personas a las que entrevistamos para este libro han hecho esfuerzos para renovar su cerebro.

Algunas personas optan por cambiar su cerebro (y subsecuentemente su vida) con un enfoque basado en la psicología cognitiva conductual. Jeff Brown ofrece este difícil pero práctico y eficaz enfoque a sus clientes bajo la forma de terapia cognitiva conductual (TCC). La TCC se basa en la idea de que tus ideas y opiniones influyen en tus sentimientos, así como en tus conductas subsecuentes. Lo que piensas de ti mismo, de los demás y del mundo a tu alrededor puede influir directamente en las emociones que experimentas y en tu forma de actuar. ¿El beneficio de este hecho? Puedes cambiar tu manera de pensar para sentirte mejor y actuar de otro modo a fin de tener más éxito en muchos dominios, aun si las circunstancias de la vida que tratas de superar se mantienen relativamente sin cambios.

A primera vista, la TCC parece bastante simple: con la orientación de un psicólogo clínico certificado, comienzas por evaluar tus fortalezas y debilidades y por identificar metas mensurables específicas. Después tomas la decisión consciente de mejorar tu vida, comprometiéndote firmemente a hacer cambios en tu manera de pensar y actuar para superar tus limitaciones y explotar tus fortalezas.

Sin embargo, no basta con comprender cómo funciona la psicología cognitiva conductual. Las nuevas habilidades cognitivo-conductuales deben implementarse y practicarse de modo rutinario. En la mayoría de los casos, experimentar cambios positivos tarda varias semanas o meses. Algunas personas, no obstante, podrían necesitar años de arduo trabajo para romper rígidos patrones de pensamiento y reeducar su cerebro. Comoquiera que sea, los pacientes que se comprometen con la TCC descubren que ésta brinda varias herramientas valiosas para producir cambios cerebrales positivos.

Mia Wong, paciente de Brown, es un excelente ejemplo de alguien que usó la TCC para mejorar su vida. Asiática-estadunidense de segunda generación, Wong estudió pintura y soñaba con tener un día su propio estudio. Cuando fue a ver a Brown, ya conocía sus fortalezas y debilidades: era buena en su oficio y lidiaba bien con las críticas, pero no creía que su labor tuviera valor monetario ni se sentía capaz de ganarse la vida como artista.

Con la ayuda de Brown, Wong se puso a considerar los riesgos implicados en intentar que su arte fuera más comercial. Corrigió juicios incorrectos sobre sí misma y sobre el valor de su trabajo. Decidió que quería cambiar y se concentró en las cosas que debía hacer para avanzar hacia sus metas. Por ejemplo, leía todo lo que caía en sus manos sobre artistas y negocios, comunidades de arte y otras formas artísticas, y se incorporó a una cooperativa de pintores locales para poder conversar con artistas de éxito sobre la mejor manera de presentar su trabajo y evitar escollos. Para incrementar su seguridad en sí misma, comenzó a repetir pensamientos como "Mi trabajo compite con el de otros artistas exitosos en la cooperativa" y "Los coleccionistas compran mi arte porque les gusta".

Pasado un tiempo, Wong notó que su inseguridad había desaparecido. Su manera de pensar en sí misma y en su profesión cambiaba ya, y ella replanteaba deliberadamente factores de su vida para disponer de evidencias que le permitieran pensar lo mejor de sí misma y de su trabajo. Claro que, como triunfadora, Wong no se detuvo ahí. Mientras su carrera y éxito florecían, ella siguió reforzando sus estrategias de transformación, y hallando felicidad en su trabajo y en su vida gracias a la reorientación de sus pensamientos y energía en la dirección de sus metas profesionales. Al final, la reestructuración cognitiva de sus pensamientos reordenó para bien sus neurocircuitos.

Si jamás has experimentado la TCC, el caso de Wong podría parecerte más suerte que plasticidad, pero hay mucha ciencia en su base. Uno de los mejores ejemplos de esto es un estudio recientemente dirigido por Greg Siegle en Pittsburgh, que reveló que la TCC modera la respuesta de la amígdala en pacientes propensos a exageradas reacciones emocionales, y que lo hace con más eficacia que los antidepresivos. Además, los efectos de la TCC perduran una vez terminada la terapia,

Las tres caras de la esperanza

Resulta tentador concebir la plasticidad como algo que ocurre cuando cambias una conducta, porque esto suele traducirse en una nueva habilidad, como aprender a balancear un palo de golf o dominar un nuevo programa de computación. Pero el hecho es que a menudo experimentas neuroflexibilidad a través de las emociones. El siguiente ejercicio de TCC, llamado: "Las tres caras de la esperanza", ilustra esto a la perfección.

En una escala del 1 al 10, siendo 1 nada y 10 al máximo, califica lo optimista que te hace sentir tu vida hoy y tu futuro.

Elige después a tres personas positivas e importantes en tu vida: alguien del pasado, alguien del presente y alguien a quien te gustaría conocer en el futuro. Visualiza a esas personas, una por una, imaginando por qué cada una de ellas podría querer que sientas esperanza. Emplea todos tus sentidos y permite a tu cerebro imaginar a plenitud la experiencia de estar con esa persona; ve sus sonrisas, escucha sus palabras de apoyo, siente la calidez de su estímulo.

Ahora, usando esa misma escala, ¿la intensidad de tu esperanza ha cambiado? De ser así, no sólo has modificado exitosamente tu cerebro, sino que también has medido ese cambio en forma significativa. No te sorprenda que la intensidad de tu sensación de esperanza aumente. Si practicas con suficiente frecuencia este ejercicio de cambio de tu manera de pensar, tu cerebro se adaptará para que la esperanza sea en ti una emoción más sobresaliente.

mientras que los de los medicamentos desaparecen poco después de que éstos dejan de tomarse. El resultado final de este cambio en la actividad cerebral fue un mejor equilibrio emocional a largo plazo para quienes participaron en la TCC, en comparación con quienes tomaron medicinas y con el grupo de control.

Los comentarios que Kolb compartió con nosotros hacen eco de estos hallazgos: "La TCC debe considerarse invasiva, porque todo cambio de conducta debe reflejarse en un cambio cerebral. Cuando enseñas a la gente una nueva manera de pensar, esto implica por definición redes neuronales diferentes."

Dicho esto, Kolb advierte que dado que la TCC tarda en redireccionar los pensamientos, y por extensión, en realizar alteraciones en el cerebro, no surtirá efecto hasta que estos cambios hayan ocurrido. "A veces la gente dirá que esta terapia no funciona", apunta. "Pero hay que preguntar: '¿Cuánto tardó usted en llegar al estado en que se encuentra ahora? Quizá necesite un periodo igual para ver cambios, porque debe reclutar redes completamente nuevas implicadas en estrategias de defensa y combatir rutinas automáticas."

Muchas de las sugerencias que hemos hecho a lo largo de este libro son rápidas y fáciles de implementar, y algunas se inspiran incluso en prácticas comunes de TCC. Esta última no es un remedio rápido, pero puede hacer diferencias reales e importantes en tu vida. Y por sencillos que parezcan sus principios, son más efectivos cuando los trabajas con un psicólogo clínico experimentado y calificado. Si en verdad estás dispuesto a desterrar patrones negativos de pensamiento y alentar patrones positivos para remodelar tu cerebro y reorientar tu vida, la TCC es un plan eficaz.

VER LA PLASTICIDAD

He aquí un ejercicio rápido para mostrar la plasticidad en acción. Observa la imagen de la página siguiente. ¿Ves al dálmata? Fíjate lo suficiente y lo verás. Mientras las señales visuales viajan por tu retina hasta tu corteza visual, la forma del perro en la imagen hallará eco en representaciones similares en tus recuerdos almacenados en áreas del lóbulo temporal, con lo que podrás organizar lo que ves en una forma interpretable.

Si Mark Fenske, nuestro neurocientífico residente, escanaeara tu cerebro tanto antes como después de precisar la forma del perro, se vería en dificultades para determinar diferencias físicas definibles. Es evidente, sin embargo, que aquí entra en juego una de las modalidades de la neuroflexibilidad, porque el cambio es permanente: una vez que veas al perro, lo seguirás viendo en lo sucesivo.

R. L. Gregory, *The Intelligent Eye* (1970), Weidenfeld and Nicholson, Londres.

Vuelta a lo básico

En varios capítulos anteriores hemos mencionado que practicar algo con diligencia hasta poder hacerlo con piloto automático puede mejorarlo todo, desde la concentración hasta la memoria y el equilibrio emocional. No obstante, si tienes problemas serios en algo para lo que normalmente eres bueno, Kolb aconseja que regreses a los fundamentos. "Cuando tu cerebro ejecuta algo en forma completamente automática, a veces puedes perder muchos de los puntos finos de esa habilidad", explica.

Estudios realizados con músicos profesionales muestran que algunos de ellos practican al grado de perder la capacidad de usar los dedos de modo independiente, afección conocida como distonía manual focal. Éste parece ser el caso cuando la neuroplasticidad falla. En su afán de ser más eficiente, su cerebro procesó la actividad neuronal asociada con los finos movimientos repetitivos de los dedos implicados en la ejecución de sus instrumentos, y respondió combinando áreas de la corteza sensorio-motora originalmente planeadas por separado para cada dedo. Sin regiones de la corteza distintas para cada dedo, los músicos pierden la capacidad de moverlos con independencia entre sí. En este caso, un remedio reportado por el investigador alemán Victor Candia y colegas fue hacer que los músicos se entablillaran los dedos innecesarios para mantenerlos quietos hasta que las áreas corticales volvieran a su estado original.

Así que si te ves en una crisis en algo para lo que normalmente eres bueno, vuelve a empezar. Toma algunas lecciones, lee un libro dirigido a principiantes o practica ejercicios básicos. Los grandes atletas con los que nosotros conversamos lo hacen con frecuencia, pero esto también se aplica a prácticamente cualquier habilidad o tarea en la que te descubras estancado de pronto. "En algunos casos", dice Kolb: "tomar mejor conciencia dividiendo las cosas paso a paso puede ayudar a afinar tu sistema".

El cerebro posee un poder asombroso para remodelarse, aun en la edad madura. Los triunfadores toman el control de la adaptabilidad de su cerebro. Técnicas como la meditación, el yoga y la psicología cognitiva conductual tienen efectos positivos comprobados en la adaptación del cerebro. La totalidad de las herramientas de capacidad intelectual y factores de triunfo dependen del poder de la neuroflexibilidad, pero también de cómo cuides tu cerebro, tema del siguiente y último capítulo.

FACTOR DE TRIUNFO # 8

Cuidados

Mantener, proteger y mejorar tu cerebro de triunfador

CUIDADOS

Tu cerebro, como el resto de tu cuerpo, tiene necesidades fundamentales. Si realizas mucha actividad física, proporcionas a tu cerebro experiencias abundantes y significativas, duermes bien y consumes una dieta apropiada, puedes contribuir a satisfacer esas necesidades y a brindarte las ventajas que requieres para cultivar un cerebro de triunfador.

Aumenta tu capacidad intelectual: Cuidar y nutrir el cerebro es otra cosa que favorece a todas las herramientas de capacidad intelectual. Así como tu coche, tu cerebro corre mejor con combustible de primera y ajustes regulares.

El funcionamiento cerebral óptimo no es un caso de naturaleza mata cuidado. También depende de cómo cuides lo que la naturaleza te dio. Es cierto que tu material genético aporta una serie de planos que esbozan la posible estructura y funcionamiento de tu cerebro. Pero por bien hechos que estén esos planos, sólo podrás desarrollar plenamente y optimizar tus capacidades mentales si tratas bien a tu cerebro.

Así como hay hábitos necesarios para mantener en forma apropiada un cuerpo de alto rendimiento, también los hay para mantener un cerebro de alto rendimiento. Y resulta que lo que es bueno para el cuerpo suele ser bueno para el cerebro (que, después de todo, forma parte del cuerpo). Nosotros hemos identificado cuatro hábitos para cuidar el cerebro que son de particular importancia para tener un cerebro sano: realizar actividad física, proporcionar al cerebro experiencias abundantes y significativas, consumir una dieta sana para el cerebro y dormir bien. Dediquemos un momento a hablar del motivo de que cada uno de estos hábitos sea tan útil para crear, proteger y mantener el cerebro de un triunfador.

Éxito garantizado

Prácticamente todos aprobaríamos la hipótesis de que el ejercicio ayuda a un niño a bajar de peso y a mantenerse sano. ¿Pero esperaríamos necesariamente que eso también lo ayudara a mejorar su capacidad para recordar? ¿Para concentrarse? ¿Para sentirse más motivado y emocionalmente equilibrado? Esto fue lo que se preguntó la maestra de educación media, Allison Cameron, al considerar cómo podía conseguir que sus alumnos de City Park Collegiate se concentraran mejor en sus labores

195

escolares. City Park Collegiate es una escuela modesta especializada en ayudar a chicos con problemas de aprendizaje y personales con sede en Saskatoon, la ciudad más grande de la provincia canadiense de Saskatchewan. Para poner a prueba esa idea, y durante un periodo de cuatro meses, Cameron puso a sus alumnos a pedalear bicicletas estacionarias y a correr en cintas como las que se usan en los gimnasios en las clases de artes del lenguaje. Para tomar su clase de matemáticas, se dirigían a la sala de pesas y hacían este tipo de ejercicio mientras ponderaban los problemas aritméticos del día.

Tales sesiones de ejercicio cada tercer día en el curso de un semestre se tradujeron en beneficios académicos que rebasaron las expectativas de Cameron. "Para mi sorpresa, cada estudiante subió al menos un punto en lectura y escritura, y algunos hasta seis en sus resultados de vocabulario", comenta.

Terminado ese experimento de cuatro meses, la capacidad de los estudiantes para concentrarse era más aguda y pasaban más tiempo trabajando en forma ininterrumpida. También la asistencia mejoró, y los problemas de disciplina disminuyeron en un 67%. Hubo incluso una merma en el consumo de medicamentos, como Ritalin, empleados para tratar problemas de concentración. Pero, en realidad, ninguno de estos resultados debería sorprendernos: el ejercicio tiene un efecto generalizado tan positivo en tu cerebro que casi hace parecer incidentales los beneficios para el corazón, los pulmones y los músculos. Estudios recientes de neurorrepresentación y de psicología cognitiva, como los revisados en 2009 por Christopher Hertzog y colegas, han documentado el hecho de que un programa de ejercicios regulares puede aumentar la concentración, mejorar el aprendizaje y la memoria, reducir la impulsividad, mejorar el estado de ánimo, reducir el estrés e incrementar el volumen de importantes estructuras cerebrales. Estos hallazgos parecen ser ciertos así seas un alumno de bachillerato que corre durante sus cursos o un adulto mayor que toma un paseo diario.

A nivel básico, el ejercicio proporciona oxígeno y glucosa al cerebro. Concibe a la glucosa como la principal fuente de combustible del cerebro, y al oxígeno como el medio de ignición. Durante una sesión de ejercicio cardiovascular, como correr, nadar o andar en bicicleta, la circulación se acelera y los pulmones absorben más oxígeno. El resultado es una dosis más generosa de oxígeno para el cerebro, lo que permite a las neuronas liberar, de los alimentos que comemos, la energía almacenada en los enlaces químicos de alta energía de la glucosa, así como usar esa energía para hacer lo que deben: mantener el cerebro en funcionamiento. Esto convierte a la mente en una estrella, el cerebro de un triunfador.

Ejercicios regulares pueden incrementar la capacidad de los vasos capilares en el cerebro para que haya un mejor torrente sanguíneo y absorción de oxígeno todo el tiempo, no sólo cuando te ejercitas hasta sudar. Un mayor volumen sanguíneo también tiene otras ventajas para el cerebro. Promueve el desarrollo de nuevas conexiones neuronales y células de apoyo, así como la distribución de un amplio surtido de moléculas beneficiosas, como los factores neurotróficos derivados del cerebro (FNDC). Estudios en curso como el dirigido por Heather Oliff en la University of California, en Irvine, han identificado las numerosas cualidades de reforzamiento del cerebro de un alto nivel de FNDC, entre ellas la posibilidad de promover cambios en el hipocampo, área cerebral crucialmente implicada en la memoria y el aprendizaje. El principal vínculo entre ejercicio, FNDC e hipocampo involucra la plasticidad sináptica, el crecimiento y fortalecimiento de conexiones entre las neuronas y la neurogénesis, el desarrollo de neuronas nuevas. El ejercicio es una de las pocas cosas que realmente pueden dar como resultado el desarrollo de neuronas nuevas en el cerebro adulto, no sólo de conexiones sinápticas nuevas.

El ejercicio es particularmente útil para que tu cerebro siga funcionando bien conforme envejeces. De acuerdo con Arthur Kramer, profesor de psicología de la University of Illinois en Urbana-Champaign, la actividad física puede retardar el encogimiento por edad de la corteza prefrontal, importante para conservar funciones de tipo ejecutivo. Las funciones ejecutivas son una serie relativamente amplia de capacidades cognitivas como las de planear, resolver problemas y manejar la atención.

El fortalecimiento de tu mente

Las investigaciones de Kramer indican que dedicar algunos minutos de actividad física moderada tres veces a la semana es útil para aumentar y conservar la capacidad intelectual. Y, especula este autor, aún no existen evidencias suficientes de que hacer un esfuerzo adicional o participar en maratones conceda ventajas significativamente mayores.

Kramer se apresura a señalar asimismo que hay muchas modalidades de actividad física. "Ten en mente que toda actividad de este tipo contribuye al mantenimiento de nuestras facultades mentales, no sólo el ejercicio formal", comenta. "Moverse con regularidad puede atrasar el reloj dos o tres años en cuanto a la cognición, tanto amplia como específica." Así que cada vez que cuidas de tu jardín, apilas un montón de madera, juegas a la roña con tus hijos o trapeas, ayudas a tu cerebro a combatir los efectos de la edad.

Advertirás la influencia directa del ejercicio en el cerebro del triunfador en áreas como la conciencia de sí, la concentación y el equilibrio emocional. Según Kramer "la función ejecutiva empieza a declinar al llegar a los 70, pero quienes han hecho ejercicio toda la vida conservan mucho mejor esa función que las personas sedentarias".

Kramer señala que las personas que empiezan a hacer ejercicio al llegar a la madurez reducen de manera significativa su riesgo de demencia senil y tienen menos probabilidades de sufrir mal de Alzheimer. Asimismo, dado que mejora la salud cardiovascular, el ejercicio impide infartos y derrames cerebrales, fuente común de lesión cerebral. Aun los sedentarios que se resignan a abandonar el sofá a una edad avanzada pueden reducir su riesgos de deterioro cognitivo. En fecha reciente, por ejemplo, Eric Larson y su equipo de investigadores, con sede en Seattle, determinaron que personas de la tercera edad que se ejercitaban al menos tres veces a la semana reducían su riesgo de demencia senil en hasta 32%.

En 2009, Kramer y sus colegas, de la University of Illinois y de la University of Pittsburgh, publicaron un estudio que reveló que los ancianos sanos suelen presentar un hipocampo más grande y mejor memoria espacial que los no tan sanos. Asombrosamente, ese estudio vinculó el tamaño del hipocampo en sujetos sanos con 40% de su ventaja en memoria espacial. Sin embargo, esto no quiere decir que debas pasarte la vida en el gimnasio para comprobar todos estos increíbles beneficios.

Inspira a tu cerebro

Mientras que el ejercicio parece brindar al cerebro ventajas cognitivas de todo tipo, también puedes estimular tu mente de otras formas, dirigidas a funciones cerebrales específicas. Como recordarás, en el capítulo sobre la concentración dijimos que los videojuegos pueden mejorar el control de la atención, y en el dedicado a la memoria, que destinar tiempo a crear en tu mente una imagen asociada con un objeto dejará en tu recuerdo una huella más profunda de ese objeto. Mientras que practicar un videojuego o memorizar una lista de productos te ayuda a mejorar en ese juego y a llenar tu carrito de compras, tales ejercicios mentales también pueden tener importantes efectos remanentes para otras tareas que dependen de los mismos procesos cognitivos, o de las estructuras neuronales subyacentes. Los efectos que se desprenden de esa estimulación mental reflejan los cambios neuroplásticos en el cerebro mismo.

Considérese lo que ocurre con crías de ratas cuando un investigador llega cada tantas horas y cepilla su piel con un pincel suave. Por raro que esto pueda parecer, el simple hecho de frotar, cepillar o incluso soplar la piel de una cría de rata favorece su desarrollo neuronal, al estimular la liberación de una sustancia química cerebral llamada factor de crecimiento de fibroblastos 2 (FCF2). En 2009, Javier Perez y un equipo de investigadores de la University of Michigan reportaron que la liberación de FCF2 que resultó de cepillar a sus roedores reducía la ansiedad de las ratas y mejoraba su memoria. Los científicos descubrieron que ratas muy ansiosas producían el mismo número de nuevas células cerebrales en el hipocampo que las poco ansiosas, pero en las inquietas sobrevivían menos de esas células que en sus compañeras de jaula más despreocupadas. (Esto le hace preguntarse a uno qué puede preocuparle a una rata de laboratorio.)

Los seres humanos también nos beneficiamos de lo que los científicos llaman: "un entorno enriquecido". Para una rata de laboratorio, un entorno enriquecido significa ser acariciada con un pincel, o mordisquear una amplia variedad de alimentos, y vivir en una jaula colorida llena de múltiples y chirriantes juguetes. Para nosotros significa una vida interesante, llena de retos, relaciones y logros. "Los efectos de los factores ambientales en la neuroplasticidad son tan complejos", señala Bryan Kolb "que las experiencias que tuvo tu madre mientras tú estabas en el útero, e incluso las que tuvo de niña, podrían influir en el funcionamiento de tu cerebro".

En la infancia, cuando está ocupado estableciendo conexiones neuronales frescas, el cerebro es como una esponja que absorbe nuevos recuerdos, habilidades y capacidades con gran facilidad. Una consecuencia inevitable del envejecimiento es que el potencial cognitivo tiende a disminuir. Pero como explicamos en el capítulo sobre la adaptabilidad, tu cerebro conserva gran parte de su capacidad para remodelarse y reinventarse hasta el día en que mueres. Las oportunidades para estimular tu cerebro a lo largo de tu vida son ilimitadas.

Está demostrado que aun algo tan básico como disfrutar de un pasatiempo aplaza o previene la pérdida de la memoria. Un estudio efectuado en 2009 por Yonas Geda y otros investigadores en la Mayo Clinic determinó que adultos mayores de hasta 89 años que se mantenían ocupados con pasatiempos como hacer una colcha con retazos de tela, leer libros, practicar juegos de mesa o navegar en internet reducían su riesgo de pérdida de la memoria en 30 a 50% en comparación con quienes no tenían pasatiempos. (En este mismo estudio, los que veían televisión más de 7 horas al día tenían 50% más probabilidades de desarrollar pérdida de la memoria.)

Un estudio reciente de Gary Small e investigadores de la University of California, en Los Ángeles, implicó a 24 sujetos de edad mediana o avanzada con cerebro de funcionamiento normal. En él se llegó a conclusiones similares respecto a otro pasatiempo simple: cuando los participantes efectuaban tareas de búsqueda en internet, escáneres de resonancia magnética funcional (IRMF) detectaban intensa actividad en gran parte del cerebro, incluidas regiones a menudo asociadas con el control del lenguaje, la lectura, la memoria y las capacidades visuales. Además, el grado de activación de esas regiones fue mucho mayor en el caso de individuos con experiencia previa de búsqueda en línea, lo que indica que cuanto más navegaban, más se ocupaban sus redes neuronales.

Alimentos para el pensamiento

Si decides explorar la internet como medio para expandir tu mente, visita la página de tu librería favorita y teclea en su buscador la palabra "dieta". Obtendrás cerca de 400,000 títulos como resultado. En nuestra actual sociedad obsesionada por la dieta, parece que los expertos no logran ponerse de acuerdo sobre si deberíamos comer como los hombres de las cavernas o mordisquear como conejos. Desde nuestro punto de vista, lo que pasa por tus labios puede o no ir directamente a tus caderas, pero siempre va a tu cerebro. Independientemente del plan específico de dieta que sigas, el cerebro de un triunfador necesita ciertos ingredientes cruciales para operar a toda máquina.

Las grasas son uno de esos ingredientes. Dejando de lado un momento las décadas de mensajes contra las grasas, ten en mente que tu cerebro es cerca de 60% grasa. Junto con el agua, las grasas son un componente importante de las membranas de las neuronas y de la vaina

Alimentos para el cerebro

Los expertos recomiendan una proporción 4:1 de omega 6-omega 3 para el funcionamiento cerebral óptimo. Una manera de alcanzar ese equilibrio es comer varias porciones a la semana de pescado de agua fría como salmón y caballa, o alimentos fortificados con ácidos grasos. Fuentes vegetales como semillas y nueces son útiles, pero más difíciles de descomponer y procesar por el cuerpo.

de mielina de los axones de esas mismas células para proteger y aumentar su capacidad de comunicarse.

Esto no significa que debas correr al restaurante de comida rápida más cercano y gritar: "¡Deme la porción más grande!". Las grasas en las hamburguesas, papas fritas y helados no son las que contienen los elementos básicos para el cerebro de un triunfador. Las buenas "grasas cerebrales" se hallan en alimentos como pescado, nueces, aceite de canola y huevos. Éstos contienen grasas poliinsaturadas derivadas de ácidos grasos omega 3 de cadena larga, como el ácido eicosapentanoico (EPA) y, el ácido docosahexanoico (DHA). Un segundo tipo de buenas grasas cerebrales, conocido como ácido linoleico (LA), es el fundamento de la familia de ácidos grasos omega 6. Tú obtienes este tipo de grasas de aceites vegetales, nueces y semillas. Juntos, los ácidos omega 3 y 6 se conocen como grasas esenciales, porque son indispensables en la dieta.

Los ácidos grasos esenciales (AGE) son indispensables para la capacidad intelectual superior, porque determinan la fluidez de las membranas neuronales y están involucrados en la síntesis y funciones de muchos de los neurotransmisores del cerebro. Tu cerebro necesita una provisión continua de AGE a lo largo de tu vida, aunque en fecha reciente un equipo dirigido por Shlomo Yehuda, de Bar Ilan University,

Dos manzanas al día

Resultados obtenidos de estudios con ratones indican que los seres humanos debemos beber aproximadamente dos vasos de 240 mililitros (ocho onzas) de jugo de manzana, o comer dos o tres manzanas diariamente. En un estudio de arándanos, los sujetos consumieron media taza de esta sabrosa y pequeña fruta cada día. Máximos beneficios cerebrales parecen resultar del consumo de frutas frescas y de jugos sin colar, para preservar la mayoría de los fitoquímicos, vitaminas y minerales.

señaló que hay dos periodos particularmente sensibles a un déficit: la infancia y la vejez. Una deficiencia de AGE en la infancia puede retrasar el desarrollo cerebral, y en la vejez puede acelerar el deterioro de las funciones cerebrales. Está demostrado que los AGE preservan y aumentan la memoria, al impedir la acumulación de placa cerebral; también previenen contra el mal de Alzheimer y la depresión, ya que aseguran un suministro estable de neurotransmisores, y en especial de las sustancias químicas de la felicidad: norepinefrina, serotonina y dopamina.

Aparte de proporcionar AGE, el pescado se lleva las palmas por ser un alimento del cerebro del triunfador con alto volumen de vitamina D. En un vasto experimento británico cuyos resultados se publicaron a fines de 2009, a cargo de Alan Dangour y colegas, se descubrió que comer pescado varias veces a la semana es bueno para la materia gris, pues ayuda a la gente, en especial de la tercera edad, a desempeñarse mejor en tareas simples de memoria y atención. También otras fuentes ofrecen algunos de estos beneficios, aunque el pescado parece ser la combinación perfecta de AGE y vitaminas reforzadoras del cerebro. Dicho esto, no pierdas de vista los niveles de mercurio en muchas especies de pescado;

consulta a organismos locales de asesoría y las recomendaciones generales de seguridad y consumo inocuo para el medio ambiente.

También se dispone de abundantes evidencias de que muchas frutas y verduras enriquecen la memoria y el aprendizaje y ayudan a mantener joven el cerebro. En un estudio reciente, Amy Chan y colegas, de la University of Massachusetts, en Lowell, descubrieron que agregar manzanas y jugo de manzana a la dieta protegía a ratones genéticamente deficientes tanto de sus insuficiencias genéticas como de una dieta pobre, permitiéndoles rendir en pruebas de memoria y aprendizaje al mismo nivel que ratones normales consumidores de una amplia variedad de alimentos. Una investigación realizada en 2008 en Gran Bretaña por Claire Williams y otros investigadores reveló que una dieta regular complementada con arándanos resulta en importantes mejoras de memoria funcional espacial en sólo tres meses, con mejoras continuas a todo lo largo de este periodo.

Las manzanas son ricas en antioxidantes, protegiendo así a las neuronas, en tanto que las moras, en especial los arándanos, son ricas en flavinoides, que parecen cruzar la barrera de la sangre del cerebro para aumentar las conexiones sinápticas y estimular la regeneración de células cerebrales, particularmente en el hipocampo. Uvas, ciruelas, cebollas y muchas otras frutas y verduras con alto contenido de antioxidantes también se estudian en la actualidad para indagar su capacidad de aportar energía turbo al cerebro.

Duerme para abrirte camino al éxito

Por más que nos obsesione la dieta, una estrategia de cuidado cerebral que muchos de nosotros no consideramos es el sueño. Si redujéramos calorías tanto como dejamos de dormir, seríamos una sociedad de anoréxicos.

El sueño es vital para el óptimo funcionamiento cerebral. Quien se la haya pasado alguna vez sin siquiera pegar una cabeceadita sabe lo difícil que es funcionar o pensar en esas condiciones. De doctores, pilotos, soldados y quienes trabajan por turnos se espera que rindan pese al sueño interrumpido propio de su profesión. ¿Y qué padre o madre de un recién nacido no ha empacado dos zapatos izquierdos y ni un solo pañal luego de un par de noches de despertar cada dos horas?

Philip Calhoun, operador de gas natural de 48 años de edad, sabe esto mejor que nadie, quizá. Es uno de los ganadores de la competencia anual *Hand on a Hardbody*, celebrada en la distribuidora de Nissan de Joe Mallard en Longview, Texas. Cada año, 24 concursantes intentan ser los que más duren de pie en un enorme estacionamiento bajo el sofocante sol de septiembre con una mano puesta en un flamante camión Frontier de Nissan, sin que les esté permitido recargarse ni ponerse en cuclillas. La última persona en quitar la mano del vehículo, de 38,000 dólares, se lo lleva a casa.

Calhoun participó una primera vez y fue descalificado luego de 90 horas, al no poder volverse a parar tras el descanso de cada hora. Tardó cinco años en acumular la motivación necesaria para volver a intentarlo; pero como alguien dotado de un enérgico láser de metas y un estable acelerador de esfuerzos, se preparó como un demonio, estudiando las estrategias dietética y mental y empleando muchas de las estrategias del cerebro del triunfador que ya hemos mencionado. En definitiva; sin embargo, intentar mantenerse despierto durante tanto tiempo casi lo tumba. Como señala él mismo: "Es imposible prepararse para durar cerca de cuatro días sin dormir".

"Una vez que acumulé ochenta horas, perdí el juicio. Ni siquiera sabía dónde estaba ni qué hacía", recuerda el robusto texano.

Al mirar a los 2,000 espectadores, Calhoun, seriamente privado de sueño, se convenció de que aplaudían, vitoreaban y agitaban pancartas porque él era una gran estrella de Hollywood en medio del rodaje de una película. Pero valiéndose de sus facultades de motivación, concentración y equilibrio emocional, se aferró a su propósito. Ganó luego de 93 horas, cuando su único rival sencillamente alzó la mano y se retiró aturdido.

Esto no significa que el individuo promedio pueda llegar al punto de alucinar, pero privarte de sueño una noche puede obligar a tu cerebro a caer en picada. Un estudio con IRMF realizado en 2007 por la investigadora de la Harvard Medical School Seung-Schik Yoo y colegas en la University of California, en Berkeley, brindó algunas de las primeras evidencias de que la deficiencia de sueño ocasiona profundos cambios en la amígdala. (Como recordarás, la amígdala es una pequeña estructura en el lóbulo temporal medio, implicada a menudo en los procesos relacionados con las emociones.) Sin sueño, la reacción de la amígdala a imágenes emocionales parece desbocarse, lo que trastorna la comunicación con áreas de la corteza prefrontal usualmente asociadas con el razonamiento lógico, lo cual bloquea a su vez señales de retroalimentación necesarias para moderar el reflejo de pelear o huir. El resultado de esto puede ser depresión o ansiedad temporal. Es casi como si, sin sueño, el cerebro fuera incapaz de poner en su debido contexto las experiencias emocionales, para producir las respuestas controladas apropiadas.

Por fortuna, una buena noche de sueño (o dos o tres seguidas) restaura el equilibrio de comunicación entre la corteza prefrontal, la amígdala y otros centros relacionados con las emociones, lo que permite a la mayoría de las personas recuperar firmemente las riendas del equilibrio emocional. En general, la restauración del cerebro es una de las principales funciones del sueño, aunque no se sabe bien a bien qué es lo que se restaura.

Una teoría es que el sueño de movimientos oculares rápidos (*rapid eye movement*, REM) reabastece la provisión de glucógeno, forma almacenada de glucosa que es la única fuente de energía de reserva para el cerebro. Las provisiones de glucógeno son escasas (pues, como ya se dijo, la mayor parte de la energía del cerebro procede directamente de la glucosa en el torrente sanguíneo), pese a lo cual regiones cerebrales localizadas dependen de ese suministro durante periodos de gran actividad, como un aparato al hacer uso de un generador de reserva.

Un buen descanso también brinda al cerebro la oportunidad de restablecer su provisión de neurotransmisores, factores de crecimiento neuronales y proteínas reforzadoras de células, que se agotan gradualmente durante las horas de vigilia. Se ha demostrado que la pérdida de glucógeno en el cerebro detona la liberación de adenosina, sustancia química neurotransmisora que, al parecer, aminora el estado de alerta e induce adormecimiento. Sustancias químicas importantes para el sistema inmunológico también son secretadas por el cerebro durante el sueño. Curiosamente, los expertos creen que las personas que: "mueren de privación de sueño" en realidad sucumben a una enfermedad ocasionada por un sistema inmunológico débil.

El sueño parece ser importante para fusionar recuerdos, permitiendo tal vez que el cerebro establezca una interconectividad más intensa entre el hipocampo y otras áreas importantes para el almacenamiento de recuerdos. Un interesante estudio dirigido en 2007 en Lieja, Bélgica, por Virginie Sterpenich y otros investigadores demostró que los sujetos recordaban información recibida seis meses atrás si habían dormido al menos seis horas luego de recibirla. Al comparar escaneos de IRMF, se concluyó que dormir tras aprender algo favorece la comunicación entre el hipocampo y la corteza prefrontal media, lo que ayuda a convertir recuerdos inicialmente frágiles en profundos. Evidencias presentadas en una reciente revisión de investigaciones similares sugieren asimismo que el aumento de la memoria ocurrido durante el sueño se debe a una liberación de biomoléculas que ayudan a fortalecer sinapsis y a mejorar la conexión entre neuronas. Otros estudios, como el de Ullrich Wagner y sus colegas alemanes, han demostrado que el sueño REM contribuye al aprendizaje, la reflexión y la organización de información; esto puede ser la causa de que a veces te duermas pensando en un problema difícil, y al despertar la solución surja repentinamente en tu cabeza.

Sea cual fuere el motivo de ello, nadie pone en duda la noción de que el sueño influye en todo tipo de funciones cerebrales, incluidas las relacionadas con el cerebro del triunfador. "Es obvio que las personas que viven más y aún son cognitivamente conscientes en la vejez tienen un sueño intacto", señala Carlyle Smith, distinguido investigador del sueño y profesor de psicología de la Trent University, en Ontario. Smith nos dijo que sus investigaciones indican que el descanso de una noche íntegra puede traducirse en 20 a 30% de mejora en el desempeño de tareas motrices, como las implicadas por las actividades deportivas.

Para desgracia de muchos de nosotros, descansar una noche entera no es nada más que un sueño. Más de 60 millones de estadunidenses padecen insomnio, el cual, según Smith, tiende a empeorar con la edad, cuando empezamos a rozar la superficie de la vigilia durante una parte de la noche mucho mayor que cuando somos veinteañeros. Aun con talentos innatos y una concentración en estrategias reforzadoras de la mente, el cerebro de un triunfador no puede operar en forma apropiada sin sueño suficiente. Las investigaciones de Smith confirman que lo recomendable es dormir de siete a ocho horas diarias.

El poder de la meditación

En capítulos previos ya hemos alabado la meditación y su capacidad de hacer cambios positivos en el cerebro. Trabajos realizados por personas como Sara Lazar, neurocientífica e investigadora del Massachusetts General Hospital, muestran que la meditación regular altera la estructura de la corteza cerebral e incrementa el grosor en regiones asociadas con la atención y el procesamiento sensorial. Menciona cualquier estrategia de factores de triunfo, e incluso reducidas dosis diarias de meditación parecen favorecerla. Estos beneficios pueden comprobarse desde la primera sesión: cuando Lazar monitoreó con escaneos de IRMF el cerebro de personas que nunca antes habían meditado, detectó patrones de actividad más organizados cuando mantenían los ojos tranquilamente cerrados, posible señal de que el cerebro estaba entonces más sereno y concentrado. En personas más experimentadas, esos cambios fueron más pronunciados, y aparecen incluso cuando aquéllas no están sentadas en el cojín de meditación.

Si todavía no estás convencido de que vale la pena practicar la meditación, prueba esto: cierra los ojos y respira profunda y lentamente diez veces. Aun si lo haces en una concurrida estación del metro o durante el entrenamiento de futbol de tus hijos, el efecto inmediato será llevar oxígeno fresco a tu cerebro y sentirte más relajado y despejado.

Cuatro sugerencias para dormir bien

Aunque Smith asegura que la mayoría de las acostumbradas sugerencias para un sueño profundo son correctas —fijar un horario de sueño regular, relajarse, apagar la televisión—, advierte contra el consejo estándar de tomar un baño caliente antes de acostarse. "Esto bien puede ser contraproducente, porque eleva artificialmente la temperatura del cuerpo y vuelve más difícil conciliar el sueño", comenta. "Por increíble que parezca, tomar un baño frío o tibio funciona mejor, porque reduce la temperatura corporal, una de las señales del cuerpo para quedarse dormido."

Llevar un diario de alimentación y sueño puede ayudarte a conocer los detonadores dietéticos del insomnio. Alergias a alimentos como chocolate, maíz y aspartamo suelen ser la causa de dificultades para dormir. Otra puede ser comer ya avanzada la noche, lo cual eleva la temperatura del cuerpo.

En cuanto a las pastillas para dormir, Smith señala que la mayoría de ellas ayudan a imitar el acto físico de dormir sin ofrecer la mayoría de los efectos de restauración, así que no harán mucho para reforzar el cerebro de un triunfador. Aunque muchos medicamentos interfieren mínimamente con el sueño REM, la mayoría lo destrozan. Si en verdad necesitas algo que te ayude a conciliar el sueño y mantenerlo, los estudios indican, según Smith, que la meditación es uno de los mejores recursos para dormir, aunque con rendimientos decrecientes. "Quienes meditan hasta 30 minutos al día dormirán mejor, pero se ha demostrado que quienes meditan más tiempo ven interrumpido su sueño, quizá porque su cerebro recibe de la meditación algo que normalmente obtendría mientras ellos duermen."

Y ésta es sólo una probadita de lo que la meditación puede hacer por ti. Naturalmente, la meditación es más eficaz si dispones de un lugar tranquilo y cómodo para sentarte, añades una planta, abres una ventana y dedicas tiempo a aquietar tu mente y a relajar tu cuerpo.

¿Funcionan los "neuróbicos"?

La floreciente industria de productos para el entrenamiento del cerebro –que ya rinde ventas anuales por 125 millones de dólares– cuenta con el hecho de que 20 minutos al día de gimnasia mental bajo la forma de un juego de computadora aguzarán la memoria. Los vendedores juran que sus juegos revertirán diez años de envejecimiento cerebral y mitigarán enfermedades neurodegenerativas después de sólo ocho semanas de ejercicios mentales diarios.

Estos juegos se venden como pan caliente, pero hasta ahora son pocas las evidencias que sustentan tales afirmaciones. Hasta la fecha, ningún estudio aleatorio de doble ciego sobre estos productos ha sido realizado por una fuente imparcial, así que todas sus mejoras a la memoria, la concentranción y la atención siguen siendo mera especulación.

Esto no significa necesariamente que los expertos se pronuncien contra probar esos juegos –ciertamente tal cosa no hará daño–, pero muchos de ellos especulan que sus asiduos simplemente se volverán buenos practicándolos y poco más. Podría ser que una vez que le encuentras el truco al juego, tu cerebro ya no necesite ejercitarse más ni exista un aumento general de salud cognitiva. Lo mismo puede decirse de pasatiempos como los crucigramas y el sudoku. Sencillamente no hay todavía pruebas suficientes en un sentido u otro.

Levantón para el cerebro

¿Eres una de esas personas que no pueden levantarse sin haber tomado una taza de café? Mientras no te excedas, quizá esto no sea tan malo.

Estira tu cerebro

Por lo pronto, cualquier persona que busque un método probado y comprobado de conseguir el cerebro de un triunfador debe adoptar técnicas de entrenamiento cerebral tan eficaces como aprender una lengua, tocar un instrumento musical o inscribirse en un curso de matemáticas. O podría poner en práctica el ejercicio de reforzamiento del cerebro que un estudio tras otro confirman como conducente a una mejor salud cerebral general: la actividad física.

La cafeína te reanima porque el cerebro la percibe como similar a la adenosina, neurotransmisor cuya labor consiste en serenar la mente e inducir a un estado de somnolencia. Cuando sorbes tu café matutino, la cafeína ocupa los receptores de adenosina en el cerebro basal anterior en sustitución de la adenosina. Sin ésta, las células nerviosas se aceleran en vez de serenarse, y por tanto impiden que te sientas cansado, al menos por unas horas. También se ha demostrado que la cafeína aumenta la producción tanto de adrenalina como de dopamina, haciéndote sentir simultáneamente más alerta y contento.

Todo esto está bien y, como descubrió Carrie Ruxton en un meta-análisis en 2008, un moderado consumo diario de cafeína –de una a cuatro tazas– brinda ventajas emocionales y cognitivas como mejor humor, mejor memoria y estado de alerta a la mayoría de las personas. Sólo parece haber problemas cuando tomas demasiadas tazas o te encafeínas demasiado tarde; la taza promedio de café contiene alrededor de cien miligramos de cafeína, lo que puede retardar la urgencia de dormir dos o tres horas.

El individuo promedio empieza a sentir efectos adversos de la cafeína con 500 a 600 miligramos en su sistema, el equivalente a entre cuatro y siete tazas de café. Sabes que has tomado más de la cuenta si te sientes sobrestimulado, ansioso o deshidratado, o experimentado martilleo en la cabeza. Ten cuidado con otras fuentes de cafeína que podrían elevar inadvertidamente tu consumo a niveles poco saludables. Algunas bebidas energéticas contienen cerca del doble de la cantidad de cafeína que tiene un café, mientras que algunos cafés especiales para llevar contienen cerca del triple de la cantidad usual.

Este último factor de triunfo incluyó los aspectos esenciales del cuidado cerebral: actividad física y mental, dieta, un entorno rico y estimulante y sueño. Esto es lo básico para mantener un cerebro sano y en óptimo funcionamiento. La mayoría de estos cambios son fáciles de llevar a cabo y pueden tener gran impacto en la correcta operación de tu cerebro. Todos ellos –en especial cuando se combinan con la estrategias que sostienen a los otros siete factores de triunfo– prepararán a tu mente para el éxito.

Cuidados para el cerebro de un vistazo

Ejercicio	Estimulación	Nutrición	Sueño
Haz 30 minutos de actividad física formal al menos 3 veces a la semana	Practica con regularidad un pasatiempo como hacer una colcha, leer o navegar en internet	Agrega media taza de moras a tu dieta diaria	Busca dormir de siete a ocho horas de sueño ininterrumpido cada noche
Acumula actividad física adicional de cualquier tipo durante al menos 30 minutos 3 veces a la semana	Pon el acento en experiencias ricas y variadas que impliquen lo más posible a los cinco sentidos	Busca una proporción 4:1 de ácidos grasos omega 6-omega 3; el pescado es la fuente más inmediata de omega 3	Desarrolla un ritual de relajamiento al acostarte
Fija un programa de ejercicio regular sea cual sea tu historia previa y tu edad	Los juegos para el cerebro quizá no favorezcan todos los aspectos de la cognición, pero mejorarán habilidades específicas; esto también vale para crucigramas y sudoku	Toma de 2 a 3 vasos de 240 mililitros de jugo de manzana o come de dos a tres manzanas diarias	Busca reducir la temperatura del cuerpo para inducir el sueño; toma un baño frío o tibio antes de acostarte en vez de uno caliente
	Medita, relájate respirando hondo o haz yoga 30 minutos 3 veces a la semana o más	Añade cebollas, cerezas, ciruelas y otras frutas y verduras frescas a tu dieta	Lleva un diario de alimentos y sueño para detectar alergias y hábitos alimenticios que afectan al sueño
		Limita el consumo de cafeína a la primera parte del día y no ingieras más de 500 a 600 miligramos diarios, equivalentes a entre seis y siete tazas de café	Evita los medicamentos para dormir

Epílogo

En el invierno de 1949, B. B. King estaba cantando en un pequeño club nocturno de Twist, Arkansas, cuando dos sujetos comenzaron a pelear y derribaron una estufa de petróleo, prendiendo fuego al salón. Tras salir corriendo, King se dio cuenta de que había dejado adentro su preciada guitarra acústica, con valor de $30 dólares, así que volvió a entrar al edificio en llamas para recuperarla, escapando a la muerte por un pelo. Otros dos individuos no tuvieron tanta suerte como él y murieron en el incendio. Cuando, más tarde, King se enteró de que el altercado se había debido a una mujer llamada Lucille, decidió bautizar así a su guitarra, para recordar no hacer nunca algo tan tonto como pelear por una mujer, ni entrar corriendo a un edificio en llamas. Desde entonces, todas las guitarras marca Gibson de King se llaman Lucille.

Aunque esta historia no es la mejor demostración del indicador de riesgo óptimo, las lecciones que King extrajo de ese acto absurdo son buenas. Saber qué es importante sin dudar un segundo implica, entre otras cosas, resistencia, concentración y equilibrio emocional. La mayoría admitiría que estos rasgos encarnan el carácter y la carrera de King. Y son también las habilidades que esperamos que hayas empezado a reforzar al leer *El cerebro del triunfador*.

Las personas que entrevistamos para este libro son prueba viviente de la ciencia, la cual demuestra que el éxito no lo define el lugar donde naciste, lo listo eres o el dinero que tienes, y ni siquiera la suerte. El éxito se alcanza empleando las facultades de tu cerebro para responder a las circunstancias y desafíos que enfrentas en la vida. B. B. King creció en la pobreza. Como él mismo nos dijo: "Si volviera a nacer, preferiría no crecer en una sociedad segregada; habría ingresado a la universidad para estudiar informática, y no me habría casado hasta después de los cuarenta. Aun así, no cambiaría por nada la mayoría de las cosas que me han ocurrido. Ni siquiera los pesares: ellos me hicieron quien soy."

Como hemos dicho a todo lo largo de este libro, creemos que los individuos que satisfacen su definición personal de "hacerla" son aquellos que han sido capaces de abrirse camino en medio de toda suerte de obstáculos y de vencer todos los desafíos que se han interpuesto en el camino a sus metas. Creemos que tuvieron éxito porque poseen un cerebro que opera en forma muy especial para optimizar sus pensamientos, conductas y emociones. Aunque no sometimos a King a un escaneo cerebral, sus logros y los estudios sobre otros individuos, músicos y no músicos por igual, nos dejan saber que sus finamente ajustados neurocircuitos le han sido de gran utilidad.

En el capítulo dedicado a la motivación mencionamos el estudio de Charles Limb y Allen Braun sobre el cerebro de talentosos jazzistas. Ese estudio reveló que los periodos de improvisación, de "composición al vuelo", del jazz son acompañados por la desconexión de regiones cerebrales asociadas con el monitoreo y control cognitivo, como la corteza prefrontal dorsolateral, así como por un aumento en la actividad de áreas asociadas con la expresión personal, como la corteza prefrontal media. Esos dinámicos cambios en el funcionamiento del cerebro parecen permitir a esos artistas liberarse de toda restricción creativa y sencillamente dejar fluir la música.

B. B. King conoce bien esa sensación: "Vivo entonces el momento, donde cada nota busca la pieza faltante de un rompecabezas. Cuando hallas las piezas, es como un río fluyendo."

Las palabras "flujo" y "fluyendo" son apropiadas; los científicos llaman a este fenómeno el "estado de flujo". Y, como explicamos en el capítulo sobre la motivación, no tienes que ser un improvisador excepcional para alcanzar el estado de flujo o para beneficiarte del acentuado sentido de creatividad y motivación que ese estado induce. Personas de todo tipo, ya sea que se desempeñen en la mercadotecnia, la actuación o el lavado de vidrios, describen un estado mental similar cuando se sienten capaces de producir sin esfuerzo nuevas ideas y soluciones creativas. Si puedes educarte para sentirte altamente motivado de manera sistemática –y confiamos en que puedas hacerlo usando las estrategias que te hemos ofrecido–, quizá aprendas a soltar tu cerebro de esa forma, y experimentes el impulso creativo que King tan hermosamente describe.

El flujo es sólo una de las muchas cosas sorprendentes que el cerebro de un triunfador puede lograr. Ahora ya sabes que los triunfadores canalizan la maravillosa adaptabilidad y flexibilidad del cerebro para determinar las direcciones que quieren que siga. Y aun si nunca has intentado afianzar tus fortalezas cognitivas, nada te impide tratar de transformar tu pensamiento, emociones y conducta optimizando el modo de operar de tu cerebro. Aparte de las relativas a la motivación y la adaptabilidad, ahora ya conoces estrategias neurocognitivas para aumentar la conciencia de sí, la concentración y el equilibrio emocional; para mejorar la memoria, y para afirmar la resistencia. Y también cuentas con la mejor información disponible para el cuidado y nutrición de tu cerebro. Todas estas habilidades te ayudarán a usar y modelar mejor áreas específicas de tu cerebro, lo que contribuirá a su vez a que adoptes un perfil de triunfador más fuerte y más sano.

En 1946, a los 21 años de edad, King abandonó su ciudad, en Mississippi, por Memphis, Tennessee, para vivir con su primo, Bukka White, guitarrista y cantante famoso. Ya sabía que quería dedicarse a la música, así que aprovechó los diez meses que vivió con su primo para estudiar técnica y ejecución. Percatándose; sin embargo, de que debía prepararse mejor para el éxito, volvió a casa, para trabajar en la estación de radio local de *rhythm and blues* (R&B), WDIA, como cantante y *disc jockey*. Pasó dos años puliendo su oficio antes de regresar a Memphis, esta vez armado de más seguridad en sí mismo y muy superiores habilidades. Aunque sus primeras grabaciones, en 1949, no fueron bien recibidas, perseveró. Célebre por su increíble ética de trabajo, nunca dejó de estudiar, aprender y practicar. Evidentemente, esto rindió fruto. Para la década de 1950, King ya era considerado un notable artista de R&B.

Ahora, ya en la ochentena y habiéndose convertido en una leyenda musical, King sigue luchando por superarse. "Un día en que no oigo ni aprendo algo nuevo es un día perdido para mí. Practico y trabajo en mi música, porque quiero aprender", nos dijo. "No creo que mi edad sea un inconveniente. Hago todo por cerciorarme de que merezco tener una buena noche."

Esto describe completa y concisamente la vida y obra de King. Pero aun en esta versión abreviada, su cerebro de triunfador no deja de brillar. Su láser de metas y acelerador de esfuerzos ciertamente contribuyeron a sacarlo de la pobreza para convertirlo en el indiscutible rey del *blues*, en tanto que su medidor de talento y radar de oportunidades han de haberle ayudado a tomar las decisiones correctas en el camino. Sin el beneficio del dinero y ni siquiera de mucha educación o instrucción formal, King fue capaz de usar muchas de las estrategias de los factores de triunfo que hemos descrito en este libro.

Cabe señalar que, tratándose de quien personifica nada menos que el *soul*, fue su cerebro lo que en última instancia lo condujo al éxito. A todo lo largo de su vida, King ha dado muestras de un uso estratégico y proactivo de su capacidad intelectual, ya sea dominando centros emocionales del cerebro como la amígdala para mantener la serenidad cuando los aficionados se ponen un poco rudos, o calibrando su red de atención de las cortezas cingulada anterior y frontal parietal para alternar entre tocar a Lucille y cantar (nunca hace ambas cosas al mismo tiempo). Desde luego, no se la pasa pensando en la operación de su maquinaria neuronal, y ciertamente tampoco esperamos que lo hagas tú. Basta saber que el cerebro no cesa de examinarse toda la vida, tengas o no un plan para tomar el control de cómo funciona. Nosotros creemos que obtendrás mejores resultados si tú te haces cargo del proceso y aprendes a cultivar los hábitos cognitivos del cerebro de un triunfador, como aquellos de los que se valieron B. B. King y muchas otras personas de éxito que conociste en este libro.

Así que pregúntate: ahora que has leído este libro, ¿tienes más información sobre tu cerebro y lo que necesitas para cumplir tus metas y realizar tus sueños? ¿Está encendido tu radar de oportunidades? ¿Está bien orientado tu láser de metas? ¿Tu acelerador de esfuerzos trabaja a todo vapor? ¿Está cargado tu medidor de talento? ¿Tu indicador de riesgo óptimo se halla en marcha? ¿Y has entendido el potencial de poder determinar cómo funciona tu cerebro? Si puedes responder que sí a alguna de estas preguntas, entonces has comprendido algunos trucos de esta ocupación de vanguardia y eres más triunfador de lo que eras antes de abrir este libro.

Y no tuviste que entrar corriendo a un edificio en llamas para serlo.

Referencias

Introducción

Weissman, D. H. *et al.*, "The neural bases of momentary lapses in attention", en *Nature Neuroscience*, vol. 9, núm. 7, 2006, pp. 971-978.

Gusnard, D. A. *et al.*, "Persistence and brain circuitry", en *Proceedings of the National Academy of Sciences*, vol. 100, núm. 6, 2002, pp. 3479-3484.

Maguire, E. A. *et al.*, "Navigation-related structural change in the hippocampi of taxi drivers", en *Proceedings of the National Academy of Sciences*, vol. 97, núm. 8, 2000, pp. 4398-4403.

Capítulo 1. Un breve recorrido por el cerebro

Phelan, J., "Who is Rodin's Thinker?", en ArtCyclopedia, agosto de 2001, http://www.artcyclopedia.com/feature-2001-08.html

Capítulo 2. La increíble historia de las neurociencias modernas

Harlow, J. M., "Recovery from the passage of an iron bar through the head", en *Publications of the Massachusetts Medical Society*, núm. 2, 1868, pp. 327-346.

Broca, P., "Remarques sur le siège de la faculté du langage articulé, suivies d'une observation d'aphémie (perte de la parole)", en *Bulletin de la Société Anatomique*, núm. 6, 1861, pp. 330-357. Traducción al inglés de C. D. Green, disponible en http://psychclassics.yorku.ca/Broca/aphemie-e.htm

Wernicke, C. "Der aphasische Symptomencomplex: eine psychologische Studie auf anatomischer Basis", en G. H. Eggert, ed., *Wernicke's Works on Aphasia: A Sourcebook and Review*, Mouton Publishers, La Haya, 1874/1977, pp. 91-145.

Scoville, W. B., y B. Milner "Loss of recent memory after bilateral hippocampal lesions", en *Journal of Neurology, Neurosurgery, and Psychiatry*, núm. 20, 1957, pp. 11-21.

Berger, H., "Ueber das Elek-trenkephalogramm des Menschen", en *Archiv für Psychiatrie und Nervenkrankheiten*, núm. 87, 1929, pp. 527-570. Traducción al inglés de P. Gloor,

"Hans Berger on the electroencephalogram of man", en *EEG Clinical Neurophysiology*, núm. 28 (suplemento), 1969, pp. 1-36.

Capítulo 3. Herramientas de capacidad intelectual

Cunningham, W. A., C. L. Raye y M. K. Johnson, "Neural correlates of evaluation associated with promotion and prevention regulatory focus", en *Cognitive Affective and Behavioral Neuroscience*, vol. 5, núm. 2, 2005, pp. 202-211.

Tom, S. M. *et al.*, "The neural basis of loss aversion in decision-making under risk", en *Science*, núm. 315, 2007, pp. 515-518.

Jaramillo, F. *et al.*, "Getting the job done: the moderating role of initiative on the relationship between intrinsic motivation and adaptive selling", en *Journal of Personal Selling and Sales Managment*, núm. 27, 2007, pp. 59-74.

Gusnard, D. A. *et al.*, "Persistence and brain circuitry", en *Proceedings of the National Academy of Sciences*, vol. 100, núm. 6, 2002, pp. 3479-3484.

Eddington, K. M. *et al.*, "Neural correlates of promotion and prevention goal activation: an fMRI study using an idiographic approach", en *Journal of Cognitive Neuroscience*, vol. 19, núm. 7, 2007, pp. 1152-1162.

D'Argembeau, A. *et al.*, "Modulation of medial prefrontal and inferior parietal cortices when thinking about past, present, and future selves", en *Social Neuroscience*, 21 de septiembre de 2009, pp. 1-14.

Kruger, J., y D. Dunning, "Unskilled and unaware of it: how difficulties in recognizing one's own incompetence lead to inflated self-assessments", en *Journal of Personality and Social Psychology*, vol. 77, núm. 6, 1999, pp. 1121-1134.

Factor de triunfo # 1. Autoconciencia

DiPellegrino, G., L. Fadiga, L. Fogassi, V. Gallese y G. Rizzolatti, "Understanding motor events: A neurophysiological study", en *Experimental Brain Research*, núm. 91, 1992, pp. 176-180.

Northhoff, G., y F. Bermpohl, "Cortical Midline structures and the self", en *Trends in Cognitive Sciences*, vol. 8, núm. 3, 2004, pp. 102-107.

Schyns, P. G., L. S. Petro y M. L. Smith, "Transmission of facial expressions of emotion co-evolved with their efficient decoding in the brain: behavioral and brain evidence", en *PLoS One*, vol. 4, núm. 5, 2009, pp. 1-16.

Hudson, E., *Snow Bodies: One Woman's Life on the Streets*, NeWest Press, Edmonton, 2004.

Ersner-Hershfield, H., G. E. Wimmer y B. Knutson, "Saving for the future self: neural measures of future self-continuity predict temporal discounting", en *Social, Cognitive, and Affective Neuroscience*, núm. 4, 2009, pp. 85-92.

Lieberman, M. D. *et al.*, "Putting feelings into words: affect labeling disrupts amygdala activity in response to affective stimuli", en *Psychological Science*, vol. 18, núm. 5, 2007, pp. 421-428.

Goldberg, II, M. Harel y R. Malach, "When the brain loses its self: prefrontal inactivation during sensorimotor processing", en *Neuron*, vol. 50, núm. 2, 2006, pp. 329-339.

Dunning, D., K. Johnson, J. Ehrlinger, y J. Kruger, "Why people fail to recognize their own incompetence", en *Current Directions in Psychological Science*, vol. 12, núm. 3, 2003, pp. 83-87.

Factor de triunfo # 2. Motivación

Eddington, K. M. *et al.*, "Neural correlates of promotion and prevention of goal activation: an fMRI study using an idiographic approach", en *Journal of Cognitive Neuroscience*, vol. 19, núm. 7, 2007, pp. 1152-1162.

Gusnard, D. A. *et al.*, "Persistence and brain circuitry", en *Proceedings of the National Academy of Sciences*, vol. 100, núm. 6, 2002, pp. 3479-3484.

De Martino, B., D. Kumaran, B. Seymour y R. J. Dolan, "Frames, biases, and rational decision-making in the human brain", en *Science*, vol. 313, núm. 5787, 2006, pp. 684-687.

Csíkszentmihályi, M., *Flow: The Psychology of Optimal Experience*, Harper Collins, Nueva York, 1991.

Limb, C. J. y A. R. Braun, "Neural substrates of spontaneous musical performance: fMRI study of jazz improvisation", en *PLoS One*, vol. 3, núm. 2, 2008, p. e1679.

Amabile, T. M., "Effects of external evaluation on artistic creativity", en *Journal of Personality and Social Psychology*, vol. 37, núm. 2, 1979, pp. 221-233.

Volpp, K. G. *et al.*, "A randomized controlled trial of financial incentives for smoking cessation", en *New England Journal of Medicine*, núm. 360, 2009, pp. 699-709.

Steel, P. "The nature of procrastination", en *Pychological Bulletin*, vol. 133, núm. 1, 2007, pp. 65-94.

McCrea, S. M. *et al.*, "Construal level and procrastination", en *Psychological Science*, vol. 19, núm. 12, 2009, pp. 1308-1314.

Elliot, A. J. *et al.*, "Color and psychological functioning: the effect of red on performance attainment", en *Journal of Experimental Psychology: General*, vol. 136, núm. 1, 2007, pp. 154-168.

Factor de triunfo # 3. Concentración

James, W. *Principles of Psychology*, Henry Holt and Co., Nueva York, 1890.

Weissman, D. H. *et al.*, "The neural bases of momentary lapses in attention", en *Nature Neuroscience*, vol. 9, núm. 7, 2006, pp. 971-978.

Raymond, J. E., K. L. Shapiro y K. M. Arnell, "Temporary Suppression of visual processing in an RSVP Task: an attentional blink?", en *Journal of Experimental Psychology: Human Perception and Performance*, vol. 18, núm. 3, 1992, pp. 849-860.

Fisher, R., "Is advertising flogging a dead horse?", en *New Scientist*, núm. 2531, 2005, pp. 40-41.

Most, S. B. *et al.*, "Attentional rubbernecking: cognitive control and personality in emotion-induced blindness", en *Psychonomic Bulletin and Review*, vol. 12, núm. 4, 2005, pp. 654-661.

Mack, A., y I. Rock, *Inattentional Blindness*, MIT Press, Cambridge, 1998.

Slagter, H. A. *et al.*, "Mental training affects distribution of limited brain resources", en *PLoS Biology*, vol. 5, núm. 6, 2007, pp. 1228-1235.

Jha, A. P., J. Krompinger y M. J. Baime, "Mindfulness training modifies subsystems of attention", en *Cognitive, Affective, and Behavioral Neuroscience*, vol. 7, núm. 2, 2007, pp. 109-119.

Tang, Y.-Y. *et al.*, "Short-term meditation training improves attention and self-regulation", en *Proceedings of the National Academy of Sciences*, vol. 104, núm. 43, 2007, pp. 17152-17156.

Green, C. S., y D. Bavelier, "Action video game modifies visual selective attention", en *Nature*, núm. 423, 2003, pp. 534-537.

Eriksen, C. W., y J. D. St. James, "Visual attention within and around the field of focal attention: a zoom lens model", en *Perception and Psychophysics*, vol. 40, núm. 4, 1986, pp. 225-240.

Orr, J. M., y D. H. Weissman, "Anterior cingulate cortex makes 2 contributions to minimizing distraction", en *Cerebral Cortex*, vol. 19, núm. 3, 2009, pp. 703-711.

Smilek, D. *et al.*, "Relax! Cognitive strategy influences visual search", en *Visual Cognition*, núm. 14, 2006, pp. 543-564.

Limb, C. J., y A. R. Braun, "Neural substrates of spontaneous musical performance: fMRI study of jazz improvisation", en *PLoS One*, vol. 3, núm. 2, 2008, p. e1679.

Factor de triunfo # 4. Equilibrio emocional

Yerkes, R. M., y J. D. Dodson, "The relation of strength of stimulus to rapidity of habit-formation", en *Journal of Comparative Neurology and Psychology*, núm. 18, 1908, pp. 459-482.

Ochsner, K. N. *et al.*, "Reflecting upon feelings: an fMRI study of Neural systems supporting the attribution of emotion to self and other", en *Journal of Cognitive Neuroscience*, vol. 16, núm. 10, 2004, pp. 1746-1772.

Boehm, J. K., y S. Lyubomirsky, "Does happiness promote career success?", en *Journal of Career Assessment*, vol. 16, núm. 1, 2008, pp. 101-116.

Gross, James J., ed., *Handbook of emotion regulation*, Guilford Press, Nueva York, 2007.

Ochsner, K. N., y J. J. Gross, "The cognitive control of emotion", en *Trends in Cognitive Sciences*, vol. 9, núm. 5, 2005, pp. 242-249.

Banks, S. J. *et al.*, "Amygdala-frontal connectivity during emotion regulation", en *Social, Cognitive, and Affective Neuroscience*, núm. 29, 2007, pp. 1-10.

Richards, J. M. y J. J. Gross, "Emotion regulation and memory: the cognitive costs of keeping one's cool", en *Journal of Personal and Social Psychology*, vol. 79, núm. 3, 2000, pp. 410-424.

Factor de triunfo # 5. Memoria

Bar, M., "The Proactive brain: using analogies and associations to generate predictions", en *Trends in Cognitive Sciences*, vol. 11, núm. 7, 2007, pp. 280-289.

Schött, B. H. *et al.*, The dopaminergic midbrain participates in human episodic memory formation: evidence from genetic imaging", en *Journal of Neuroscience*, vol. 26, núm. 5, 2006, pp. 1407-1417.

Kensinger E. A., y D. L. Schacter, "Memory and emotion", en M. Lewis, J. M. Haviland-Jones y L. F. Barrett, eds., *The Handbook of Emotion*, Guilford, Nueva York, 3ª ed., 2008.

Kondo, Y. *et al.*, "Changes in brain activation associated with use of memory strategy: a functional MRI study", en *NeuroImage*, núm. 24, 2005, pp. 1154-1163.

Bor, D., y A. M. Owen, "A common prefrontal-parietal network for mnemonic and mathematical recoding strategies within working memory", en *Cerebral Cortex*, vol. 17, núm. 4, 2007, pp. 778-786.

Poldrack, R. *et al.*, "The neural correlates of motor skill automaticity", en *Journal of Neuroscience*, vol. 25, núm. 22, 2005, pp. 5356-5364.

Kensinger E. A., y D. L. Schacter, "When the Red Sox shocked the Yankees: comparing negative and positive memories", en *Psychonomic Bulletin and Review*, vol. 13, núm. 5, 2006, pp. 757-763.

Brown, R., y J. Kulik, "Flashbulb memories", en *Cognition*, núm. 5, 1977, pp. 73-99.

Cook, S. W., Z. Mitchell y S. Goldin-Meadow, "Gesturing makes learning last", en *Cognition*, vol. 106, núm. 2, 2008, pp. 1047-1058.

Wylie, G. R., J. J. Foxe y T. L. Taylor, "Forgetting as an active process: an fMRI investigation of item-method-directed forgetting", en *Cerebral Cortex*, vol. 18, núm. 3, 2008, pp. 670-682.

Factor de triunfo # 6. Recuperación

Waugh, C. E. *et al.*, "The neural correlates of trail resilience when anticipating and recovering from threat", en *Social, Cognitive, and Affective Neuroscience*, núm. 3, 2008, pp. 322-332.

Caria, A. *et al.*, "Regulation of anterior insular cortex activity using real-time fMRI", en *Neuroimage*, vol. 35, núm. 3, 2007, pp. 1238-1246.

Pizzagalli, D. A. *et al.*, "Resting anterior cingulate activity and abnormal responses to errors in subjects with elevated depressive symptoms: a 128-channel EEG study", en *Human Brain Mapping*, vol. 27, núm. 3, 2006, pp. 185-201.

Rotter, J. B., *Social learning and clinical psychology*, Prentice-Hall, Nueva York, 1954.

Robinson, M. D., "Gassing, braking, and self-regulating: error self-regulation, well-being, and goal-related processes", en *Journal of Experimental Social Psychology*, núm. 43, 2007, pp. 1-16.

Banks, S. J. *et al.*, "Amygdala-frontal connectivity during emotion regulation", en *Social, Cognitive, and Affective Neuroscience*, núm. 29, 2007, pp. 1-10.

Zhong, C., A. Dijksterhuis y A. D. Galinsky, "The Merits of Unconscious Thought in Creativity", en *Psychological Science*, vol. 19, núm. 9, 2008, pp. 912-918.

Frankenstein, U. N. *et al.*, "Distraction modulates anterior cingulate gyrus activations during the cold pressor test", en *Neuroimage*, vol. 14, núm. 4, 2001, pp. 827-836.

Factor de triunfo # 7. Adaptabilidad

Kelly, S., "The sat-nav v. cabbie challenge", en BBC-Click, 14 de diciembre de 2007, http://news.bbc.co.uk/2/hi/programmes/click_online/7143897.stm.

Maguire, E. A. *et al.*, "Navigation-related structural change in the hippocampi of taxi drivers", en *Proceedings of the National Academy of Sciences*, vol. 97, núm. 8, 2000, pp. 4398-4403.

Sluming, V. *et al.*, "Broca's area supports enhanced visuospatial cognition in orchestral musicians", en *Journal of Neuroscience*, vol. 27, núm. 14, 2007, pp. 3306-3799.

Aydin, K. *et al.*, "Increased gray matter density in the parietal cortex of mathematicians: a voxel-based morphometry study", en *American Journal of Neuroradiology*, núm. 28, 2007, pp. 1859-1864.

Raue, U. *et al.*, "Improvements in whole muscle and myocellular function are limited with high-intensity resistance training in octogenarian women", en *Journal of Applied Physiology*, 2009.

Lazar, S. W. *et al.*, "Meditation experience is associated with increased cortical thickness", en *Neuroreport*, vol. 16, núm. 17, 2005, pp. 1893-1897.

Siegle, G. J., C. S. Carter y M. E. Thase, "Use of fMRI to predict recovery from unipolar depression with cognitive behavior therapy", en *American Journal of Psychiatry*, núm. 136, 2006, pp. 735-738.

Classen, J., "Focal hand dystonia –a disorder of neuroplasticity?", en *Brain*, núm. 126, 2003, pp. 2571-2572.

Candia, V. *et al.*, "Effective behavioral treatment of focal hand dystonia in musicians alters somatosensory cortical organization", en *Proceedings of the National Academy Of Sciences*, vol. 100, núm. 13, 2003, pp. 7942-7946.

Factor de triunfo # 8. Cuidados

Hertzog, C. *et al.*, "Enrichment effects on adult cognitive development", en *Psychological Science in the Public Interest*, vol. 9, núm. 1, 2009, pp. 1-65.

Oliff, H. S. *et al.*, "Excercise-induced regulation of brain-derived neurotrophic factor (BDNF) transcripts Exercise in the rat hippocampus", en *Molecular Brain Research*, núm. 61, 1998, pp. 147-153.

Larson, E. B. *et al.*, "Exercise is associated with reduced risk for incident dementia among persons 65 years of age and older", en *Annals of Internal Medicine*, vol. 144, núm. 2, 2006, pp. 73-82.

Erickson, K. I. *et al.*, "Aerobic fitness is associated with hippocampal volume in elderly humans" en *Hippocampus*, vol. 19, núm. 10, 2009, pp. 1030-1039.

Perez, J. A. *et al.*, "A new role for FGF2 as an endogenous inhibitor of anxiety", en *Journal of Neuroscience*, vol. 29, núm. 19, 2009, pp. 6379-6387.

Geda Y. E. *et al.*, "Cognitive activities are associated with decreased risk of mild cognitive impairment: The Mayo Clinic population-based study of aging", ponencia presentada en la 61st Annual Meeting de la American Academy of Neurology, Seattle, 2009.

Small, G. W. *et al.*, "Your brain on Google: patterns of cerebral activation during Internet searching", en *American Journal of Geriatric Psychiatry*, vol. 17, núm. 2, 2009, pp. 116-126.

Yehuda, S., S. Rabinovitz y D. I. Mostofsky, "Essential fatty acids and the brain: from infancy to aging", en *Neurobiology of Aging*, núm. 26S, 2005, pp. S98-S102.

Dangour, A. *et al.*, "Fish consumption and cognitive function among older people in the UK: baseline data from the OPAL study", en *Journal of Nutrition, Health and Aging*, núm. 13, 2009, pp. 198-202.

Chan, A., V. Graves y T. B. Shea, "Apple juice concentrate maintains acetylcholine levels following dietary compromise", en *Journal of Alzheimer's Disease*, núm. 9, 2006, p. 287.

Williams, C. M. *et al.*, "Blueberry-induced changes in spatial working memory correlate with changes in hippocampal CREB phosphorylation and brain-derived neurotrophic factor (BDNF) levels", en *Free Radical Biology and Medicine*, núm. 45, 2008, pp. 295-305.

Yoo, S.-S. *et al.*, "The human emotional brain without sleep –a prefrontal amygdala disconnect", en *Current Biology*, vol. 17, núm. 20, 2007, pp. R877-R878.

Sterpenich, V. *et al.*, "Sleep-related hippocampo-cortical interplay during emotional memory recollection", en *PLoS Biology*, vol. 4, núm. 11, 2007, pp. 2709-2722.

Lazar S. W., G. Bush, R. L. Gollub, G. L. Fricchione, G. Khalsa y H. Benson, "Functional brain mapping of the relaxation response and meditation", en *NeuroReport*, núm. 11, 2000, pp. 1581-1585.

Wagner, U. *et al.*, "Sleep inspires insight", en *Nature*, vol. 427, núm. 6972, 2004, pp. 352-355.

Ruxton, C. H. S., "The impact of caffeine on mood, cognitive function, performance and hydration: a review of benefits and risks", en *Nutrition*, núm. 33, 2008, pp. 15-25.

Epílogo

Limb, C. J., y A. R. Braun, "Neural substrates of spontaneous musical performance: fMRI study of jazz improvisation", en *PLoS One*, vol. 3, núm. 2, 2008, p. e1679.

Agradecimientos

Aunque somos especialistas en diversos campos –ambos relacionados con el estudio del cerebro–, ahora sabemos mucho más sobre las neurociencias y el éxito que cuando comenzamos a escribir *El cerebro del triunfador*. Y sí, también nos enteramos de que aún hay muchas otras que no sabemos. Estamos seguros de que, con el paso del tiempo, las evidencias de la relación entre el cerebro y el éxito serán cada vez más firmes.

A lo largo de la investigación y redacción de este libro usamos nuestros radares de oportunidades para ponernos en contacto con, y aprender de, muchas personas que consideramos parte del equipo de *El cerebro del triunfador*. Nunca les agradeceremos lo suficiente:

La doctora Julie Silver, directora editorial de libros en Harvard Health Publications, quien concibió la idea de *El cerebro del triunfador*, formó el equipo de autores y nos hizo sentir siempre estimulados.

El doctor Tony Komaroff, jefe de editores Harvard Health Publications, cuya pasión es llevar información a la gente para que pueda tener una vida más sana. Le damos las gracias por haber facilitado nuestra misión mediante su liderazgo.

Linda Konner, nuestra agente literaria, quien aportó gran sabiduría, humor, un corazón de oro y habilidad digna de un GPS para conseguir un taxi en Nueva York.

Katie McHugh, nuestra editora en Perseus, que pastoreó este libro con paciencia y finura. Todos los autores deberían poder tener la experiencia de ser guiados por una persona tan considerada y perspicaz.

Los equipos íntegros de Perseus y de Da Capo, que nos hicieron sentir como en familia e invirtieron desinteresadamente en el mensaje de *El cerebro del triunfador*, para nuestro beneficio y el de sus rendidos lectores.

Karly Neath, Melena Vinski y Angele Larocque, quienes brindaron importante asistencia, y los demás miembros del laboratorio de Fenske en la University of Guelph, por su gran entusiasmo y útiles sugerencias.

El doctor Moshe Bar, director del Cognitive Neuroscience Laboratory del A. A. Martinos Center for Biomedical Imaging, del Massachusetts General Hospital y la Harvard Medical School, quien fue increíblemente generoso con su tiempo y conocimiento y aportó valiosos comentarios a los varios borradores de este libro.

El doctor Bruce Rosen, director del Martinos Center, junto con Mary Foley, Larry White y Linda Butler, quienes brindaron generosamente tiempo y recursos para realizar escaneos cerebrales de todo el equipo de *El cerebro del triunfador*.

Los más de cincuenta cerebros de triunfadores de todas las esferas, quienes compartieron abierta y francamente con nosotros su fascinante trayecto vital para que pudiéramos relatárselo a ustedes, nuestros lectores. Sus historias han dado vida a la ciencia del cerebro, y nos han permitido a todos nosotros deleitarnos con sus logros. Ofrecemos un sincero reconocimiento a todos y cada uno de ellos, incluidos los muchos investigadores y científicos notables que nos brindaron generosamente sus conocimientos, opiniones e investigaciones de vanguardia.

Por último, gracias a nuestras maravillosas familias por ayudarnos a aprovechar esta experiencia al máximo y darnos la enorme cantidad de tiempo y apoyo que necesitamos para escribir este libro. Gracias y nuestro amor a Carolynne, Karen y Jay, nuestras parejas y más pacientes apoyos. Y el mismo amor a Skylar, Grant, Nathan y Jake, nuestros hijos y mayores *fans*.

Índice analítico

Acerca de los autores

JEFF BROWN, PsyD, ABPP, es psicólogo clínico y cognitivo-conductual certificado, miembro del Department of Psychiatry de la Harvard Medical School y clínico asociado del McLean Hospital, el mayor centro psiquiátrico de Harvard. Es miembro de la Association for Applied Sport Psychology, la American Psychological Association, el United States Olympic Committee's Registry of Psychologists y las Academies of Clinical Psychology and Behavioral Psychology.

Se le considera pionero en la difusión masiva de la psicología deportiva. En 2002 se convirtió en el primer psicólogo en desempeñarse en el equipo médico del Boston Marathon. Además, en 2008 se integró como psicólogo a los equipos médicos de Chicago Marathon y Houston Martahon. Es autor de *The Competitive Edge*. Vive y ejerce en Boston. Para saber más sobre su práctica clínica y de consultoría, visita su página en internet, en www.DrJeffBrown.com

MARK FENSKE, PhD, exprofesor investigador de la Harvard Medical School, es profesor adjunto (de neurociencias y ciencias cognitivas aplicadas) en el Department of Psychology de la University of Guelph. En su calidad de especialista en neurociencias cognitivas y afectivas, sus investigaciones combinan la neurorrepresentación con los estudios conductuales para revelar cómo influyen la atención y las emociones en el desempeño cognitivo.

Forma parte del consejo editorial de las revistas *Emotion* y *Psychological Research* y ha sido reseñista en cerca de dos docenas de publicaciones profesionales, entre ellas *Journal of Cognitive Neuroscience*,

Cerebral Cortex, Cognitive Brain Research y *Neuropsychologia*. En 2009 fue seleccionado como miembro del Committee of Experts in Psychology, Psychiatry and Cognitive Neuroscience por la Canada Foundation for Innovation. Vive en Guelph, Ontario. Información adicional sobre sus investigaciones puede encontrarse en la página en internet de su laboratorio, www.FenskeLab.ca

LIZ NEPORENT es vicepresidenta ejecutiva de Wellness 360, especialista en temas de salud y autora de varios títulos de salud con gran éxito de ventas. Actualmente es colaboradora y asesora en salud de AOL. com, y colabora asimismo en docenas de publicaciones estadunidenses de circulación nacional, como *The New York Times, The New York Daily News, Shape, Fitness, Men's Health* y otras. Vive en Nueva York. Visita su página en internet, en www.w360.com